从0到1
开公司
新手创业必读指南
（实战强化版）

黄一帆　朱瑞丰◎著

人民邮电出版社

北京

图书在版编目（ＣＩＰ）数据

从0到1开公司：新手创业必读指南：实战强化版 /
黄一帆，朱瑞丰著. -- 北京：人民邮电出版社，
2020.11
ISBN 978-7-115-54808-5

Ⅰ. ①从… Ⅱ. ①黄… ②朱… Ⅲ. ①创业—指南
Ⅳ. ①F241.4-62

中国版本图书馆CIP数据核字(2020)第170047号

内 容 提 要

本书详细介绍了从开办公司前的筹备到公司运营管理的各个环节，包括创业筹备、融资、管理、营销等，每个环节都有侧重点，还对创业过程中可能遇到的难题进行了详细讲解。

本书既有理论讲解，又有实操指导，尤其是详细介绍了融资和营销的相关知识。全新的融资理念可以帮助创业者开拓金融思路，灵活运用多渠道、多工具进行融资，让创业者不再为资金问题烦恼；全新的营销理念可以帮助创业者降低推广宣传的成本，在短时间内聚集人气，成功销售产品，塑造企业品牌。本书可以帮助创业者从容创业，成功创业。

本书语言通俗易懂，并附有流程图、示例图，实战性强，是随查随用的实务宝典，适合创业者、公司管理者、公司员工及对开办公司感兴趣的读者阅读。

◆ 著　　　　黄一帆　朱瑞丰
　　责任编辑　李士振
　　责任印制　周昇亮

◆ 人民邮电出版社出版发行　　北京市丰台区成寿寺路 11 号
　　邮编　100164　　电子邮件　315@ptpress.com.cn
　　网址　https://www.ptpress.com.cn
　　涿州市般润文化传播有限公司印刷

◆ 开本：700×1000　1/16
　　印张：16　　　　　　　　2020 年 11 月第 1 版
　　字数：260 千字　　　　　2025 年 10 月河北第 20 次印刷

定价：69.80 元

读者服务热线：(010)81055296　印装质量热线：(010)81055316
反盗版热线：(010)81055315

在这个遍地都是机会的时代，很多年轻人的心中都有一个创业梦。在创业门槛越来越低的当下，人人都可以成为创业者。创业成功的励志故事一个接一个地上演，让许多人对创业产生了美好的想象，似乎下一个创业成功的人就是自己。

可是，很多人对于创业仅仅停留在想象的阶段，他们憧憬着创业成功、公司上市，却迟迟无法付诸行动，成功创办一家公司。还有一部分人信心满满地启动了自己的创业项目，却落得"创业未半而中道崩殂"的结局。

我曾在大型外企担任高管，有着丰富的管理经验。在创业之前，我认为从企业高管到创业者是一个自然蜕变的过程。事实上，创业后我才发现，创业者不仅仅需要管理能力，更需要统筹能力、应对危机的能力、灵活处理问题的能力、学习能力、时间管理能力等。除此之外，创业者还需要具备强大的承压能力，要能承受巨大的不确定性带来的风险和压力。

时间管理能力对于创业者而言是一项非常重要的能力。创业者每天需要处理的事情很多，我的经验是每天把重点工作排列出来，重点处理会对阶段性目标和结果产生重大影响的问题，剩下的问题可在以后解决或忽略。

创业时，我曾迷茫过：究竟该选择什么创业项目？经过系统的思考和分析，我选择在熟悉的领域创业。在熟悉的领域启动创业项目，可以减少学习成本、经验成本，可以尽快让创业公司渡过艰难的生存期。

创业前，我在"机场行李处理系统"领域有着多年的从业经验，我熟悉这个领域的现状、运行规则、产品标准和规范及客户痛点等，因此，我认为在"机场行李处理系统"这个领域创业，可以尽快让创业公司步入正轨。果真如我预期，创业后不到一年，公司获得了A轮融资并成为几个机场的设备供应商。2018年，我带领团队参与了北京大兴国际机场建设工程航站楼行李系统处理项目，推进了机场改扩建和国家新建交通枢纽的建设。北京新机场项目的成功，标志着公司的发展迈上了新的台阶。

创业初期，我既是业务员，又身兼行政、财务、招聘主管等数职，有时甚至还充当着公司网管的角色。随着公司逐渐步入正轨，虽然财务、行政等事务都实现了专人专岗，我也从具体琐碎的事务中解放了出来，然而每天萦绕着我的是更棘手、更关键的问题。例如，我该如何设计激励计划留住核心人才、如何实现 20% 的业绩增长、在存量市场上如何拓展业务、如何打造公司品牌等。

创业之路永无止境，每个阶段都会碰到各种问题和困难。创业之初，我们的目标是保证公司活下来；在公司发展过程中，我们的目标是打造核心竞争优势、保证公司高速发展。我习惯在问题中寻找机会，也习惯把大的问题看作机会，并不断地达成阶段性目标。

我看到有些年轻人盲目创业，热情有余而谋略不足，最终失败。还有很多年轻人徘徊在创业路上，想创业，但不知该从何入手，或害怕创业失败而迟迟不敢开始。的确，在创业前和创业中有太多的问题困扰着创业者。例如，我的项目能不能实现？我的公司应该怎样管理？我的团队应该怎么带？我需不需要合伙人？我的产品要怎样才能卖出去？我要怎么留住人才？我该如何融资？我的公司要怎样运营才能持续盈利……这些问题是每个创业者每天都在想、都在问的问题，也是创业道路上的一个个拦路虎。

目前，市面上还没有一本书能够系统地解答这些关于创业的问题，于是，我萌生了一个想法：何不以自己的创业经验为基础，编写一本真正的创业指南呢？我认为一本真正的创业指南应该囊括创业过程中所有的事项，能够指导创业者从 0 到 1 地创立一家公司。

在本书的写作过程中，我详细梳理了创业前期筹备和创业过程中公司运营管理的各个环节，认真总结了自己多年来的管理经验和方法，并将它们一一呈现在书中。

我不敢说这本书有多么权威，但是它包含了我多年以来的创业经验、创业感悟及对创业的理解。

本书详细介绍了从0到1创立公司的全过程，主要内容包括创业初期的准备工作、注册流程，公司起步阶段的人员管理、财务管理、融资方式，以及公司运营管理过程中的战略管理、市场营销等，几乎涵盖了创办公司及公司运营管理过程中的所有要点。

此外，本书还对创业过程中可能会遇到的问题进行了详细讲解，并着重介绍了公司的融资和营销相关知识，希望能用全新的理念为创业者们打开思路，让创业者不再为资金和销售而烦恼。

本书运用了大量的图表，采用步步详解的方式，手把手地教读者如何从0到1地创办一家公司。本书不仅有翔实的案例、通俗易懂的理论分析，还有易上手、可落地的实操方法，为创业者提供了思路和建议。

创业者可以把本书作为一本工具书，遇到问题随时查阅；也可以把本书作为一本参考书，根据书中内容为自己的创业"把脉"。总而言之，只要是对开公司、管理公司感兴趣的人都可以阅读本书，并从中获得一些启迪。希望我在创业过程中踩过的坑，后来的创业者们能绕过去。希望在未来的某一天，我们谈论的话题能变为：如何创立一家伟大的公司？如何让基业长青？

"万丈高楼平地起"，我希望读者能借由这本书找到搭建"万丈高楼"的方法，让自己的创业梦想一步步照进现实。

编者

目录

第 6 章　精益管理：让管理产生效益

第 7 章　营销布局：酒香也怕巷子深

第8章 商业谈判：用谈判技巧赢得经济利益

第 9 章 创业陷阱：让危机离得更远

从 0 到 1, 合伙创业

创业者如果能找到一位与自己优势互补的合伙人, 就能起到扬长避短、查漏补缺。创业者与合伙人在各自擅长的领域发挥所长, 企业就会向着有益的方向发展。

合伙创业，是开办公司的最佳方式

从 0 到 1 的创业是最具有市场竞争力的，所谓的"从 0 到 1"是指公司的模式、项目、产品、服务等都极具创新性，是独一无二的。从 0 开始创业非常艰难，但收获也是巨大的。绝大多数独角兽企业是以从 0 到 1 的方式创办的，代表者有苹果公司、Facebook、微软、谷歌等。

纵观人类社会发展史，从 0 到 1 创业的公司凤毛麟角。从 0 到 1 意味着创新、与众不同，意味着别出心裁、独辟蹊径，外露创新的烙印，内隐创新的基因，这类创业对社会发展贡献极大。

那么，怎样才能顺利地走上从 0 到 1 的创业之路呢？怎样才能开办一家具有创新性和竞争力的公司呢？

答案是合伙创业。合伙创业是开办一家公司的最佳方式。

我们都知道众人拾柴火焰高的道理，一个人的力量是无法和团队的力量抗衡的。在创业的道路上，与其单打独斗，不如找到志同道合、优势互补的合伙人共同向目标迈进，一起去和其他竞争对手竞争。

在当前的创业大潮中，新企业不断诞生，在这种形势下，创业企业面临的竞争非常激烈，成长的环境也充满风险。只有与合伙人互相扶持，创业者才能走得更远。因此，合伙创业就成了当下创业者们的最佳选择。

一般来说，合伙创业是指两个或两个以上的创业者签订合伙协议、合伙经营、共同出资、共享收益、共担风险的创业模式。合伙创业的合伙人要对合伙企业的债务承担无限连带责任。通过合伙创业建立的企业叫作合伙企业。这种创业模式非常适合初次创业、抵御风险能力不强、创业资金不够充裕的创业者。

相比独资创业，合伙创业是一种高起点的创业模式，因为合伙创业可以承受更大的风险，也可以形成更大的规模。总体而言，合伙创业具有四大优势，如图 0-1 所示。

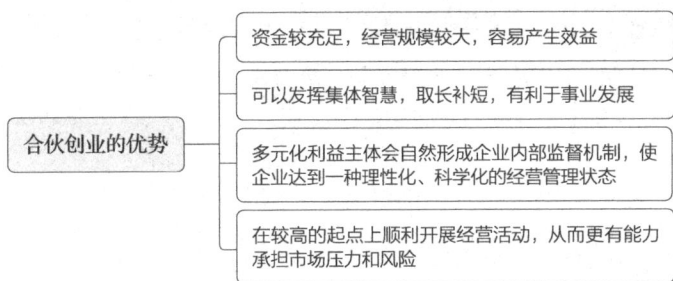

图 0-1 合伙创业的优势

基于以上四大优势，在新经济形势下，合伙创业已经成了一种普遍现象。

一般情况下，创业者们如何开展合伙创业呢？

合伙创业的形式根据合伙人的身份特点可分为法人合伙和个人合伙两种。法人合伙是指两个或两个以上的企业法人或事业法人共同出资兴办并联合经营的合伙企业。个人合伙是指两个或两个以上的自然人共同投资兴办并联合经营的合伙企业。在这里，我们仅讨论个人合伙的创业形式。

在个人合伙中，根据合伙人的出资形式和承担的责任，合伙形式可以分为普通合伙和有限合伙两种。从表 0-1 中，我们可以看到两者的区别。

表 0-1 普通合伙与有限合伙的区别

	普通合伙	有限合伙
定义	普通合伙是合伙创业的基本形式。它是指由若干名普通合伙人根据合伙章程组成企业进行合伙创业	有限合伙是合伙创业的一种特殊形式，它是指由若干名有限合伙人和若干名普通合伙人共同组成企业进行创业的活动
出资要求	普通合伙人出资时，不需要把其财产直接交给合伙企业支配，可以劳务出资	有限合伙人必须以现金或实物投入企业作为其入伙的资金，不可劳务出资
法律地位	普通合伙人负责合伙企业的经营管理，并可以代表合伙企业执行经营业务	有限合伙人既不参与合伙企业的业务管理，也不对合伙企业的债权承担个人责任
收益分配方式	普通合伙人的收益是根据企业的盈余状况确定的，因而是不固定的	有限合伙人的收益可在章程中事先确定，在企业盈利的前提下，其收益率是相对固定的
责任范围	普通合伙人对企业的债务承担无限责任，并对其他普通合伙人承担连带责任	有限合伙人仅对企业的债务承担有限责任，即以其出资的数额为限而不需要动用出资之外的财产

这两种合伙创业的形式各有优势和风险，创业者可以根据自己的需要选择合适的合伙形式。不过，对于创业者而言，无论采用哪种合伙形式，最重要的是选对合伙人。选对合伙人意味着创业成功了一半。

选对合伙人，创业就成功了一半

所谓合伙人，就是想和你一起创业、有能力和你一起创业的人。对初创企业来说，合伙人就是联合创始人。联合创始人必须和公司的发起者有一致的三观、相同的目标。

合伙人是公司的缔造者之一，他对于一个公司的意义不仅仅体现在股权的分配上，有时可以决定公司的生死存亡。

有人说，合伙关系相当于婚姻关系，创业者和合伙人在日常工作中应同心协力，公司的大小事务要互相商量，赚来的钱要按股权分配。合伙人或许无法"厮守一生"，但是需要在相当长的一段时间内保持和谐稳定的关系，所以，选择合伙人必须要慎重。

拥有一个能与自己齐心协力走过艰难创业之路的合伙人，对创业者们来说，是一件非常幸运的事。选择合适的合伙人，不仅需要运气，更需要眼光。一个优秀的创业合伙人应该具备以下几个特征。

第一，合伙人和创业者有共同的创业价值观。

俗话说"道不同，不相为谋"。价值观不同的人不可能长期合作，也不可能有共同的目标。创业者们要选择与自己有相同创业价值观的合伙人。

什么是创业价值观呢？所谓的创业价值观就是创业者创办和经营企业的思维方式、对所从事的事业的认同感，以及对企业今后的发展方向和目标的规划。要注意的是，个人价值观不等于创业价值观，个人价值观相合的人并不一定适合成为合伙人。创业价值观与所从事的事业相关。

如果创业合伙人有着不同的创业价值观，那么日后必定会出现分歧，甚至分道扬镳。因为，不同的创业价值观，会导致不同的经营战略和经营思路。比如，合伙人 A 和 B 的创业价值观不同，合伙人 A 想创办一家"百年老店"式的企业，而合伙人 B 想做"短平快"的项目。那么，这两个人在经营思路和经营方法上自然会有所不同。合伙人 A 和 B 如果存在如此大的分歧，企业的生存和发展将会面临巨大的挑战。

或许，在企业成立初期，创业合伙人们的创业价值观并不是很清晰。但是，随着企业的发展，创业合伙人们一定要思考和确定自己的创业价值观，让企业的目标、经营模式、经营理念等逐渐清晰起来。

第二，合伙人重诺守信。

重诺守信是对合伙人的基本道德要求。如果创业者选择的合伙人连最起码的道德都不讲，那么合伙创业注定会失败。

为什么要强调合伙人的重诺守信呢？因为"最坚固的堡垒也会从内部被攻破"。合伙人对企业的内部情况，如核心技术、运营手段、人员信息、经营成本等信息了如指掌，而且对企业的决策具有强大的影响力。一旦合伙人图谋不轨或不守承诺，企业就会陷入危机。

在选择合伙人之前，创业者需要认真考察对方的人品和诚信度。如果在合伙创业的过程中才发现合伙人不守承诺、不讲信誉，甚至另有所图，创业者就会陷入被动的境地。同时，与合伙人解除合伙关系会令公司元气大伤，资金、人脉、品牌形象等都会蒙受损失。

第三，合伙人与创业者优势互补。

俗话说"金无足赤，人无完人"，每个人都有自己的劣势和短处，也有自己的优势和长处。如果在创业过程中，创业者能找到一位与自己优势互补的合伙人，就能扬长避短、查漏补缺。比如，在一家创业公司里，一位合伙人善于做销售、谈业务，而另一位合伙人善于做管理，还有一位合伙人精通技术，那么这 3 位合伙人就能形成良好的互补关系，而且这 3 个人的分工也会比较明确。

合伙人之间如果能够形成这样的互补关系，在各自擅长的领域发挥所长，企业就会向着有益的方向发展。

第四，合伙人有合作精神。

一个自视甚高、没有合作精神的人是不适合成为创业公司合伙人的。因为，任何人的观点都不可能面面俱到。只有愿意听取别人意见、愿意与别人交流合作的人，才能站在客观的角度看待问题、解决问题。

合伙人如果具有合作精神，那么他在很多问题上就更容易放下成见，会与创业者通力合作，让企业往更好的方向发展。合伙人之间如果能够顺畅沟通，解决问题的效率也会大大提高。

以上就是挑选合伙人的几个关键点。一位优秀的合伙人有很多优点，但是无论他的其他条件多优秀，都要满足以上 4 点。只有这样，创业者才能在合伙创业的道路上长久地走下去。

创业者有所为，有所不为

合伙创业最大的优势就是以契约的形式明确了所有合伙人的权责和利益，并在合伙人之间建立了自愿、平等的关系。理想的合伙关系应该是权责分明、分配公平、互相协作、严格遵守协议。可是，现实情况却是很多合伙创业的人无法一起走到最后。

如果想成功地合伙创业，创业者在合伙创业的过程中需做到以下 3 点。

第一点，有协作意识。

合伙企业是由合伙人集中各自所长而开展的理性合作。每个创业者都要有强烈的协作意识，才能将各方面的优势运用到企业经营中。如果缺乏协作意识，合伙人之间就容易出现矛盾，进而影响公司的正常运营。

第二点，诚实守信。

创业者不仅要要求合伙人诚信，自己也要做到诚信。"人无信不立"，缺少诚信的人是得不到别人的信任的。如果创业者能做到诚信，那么合伙人也会受到感染，并在企业中形成诚信的文化。诚信，是企业经营中的重要精神推动力。如果各方都能诚实守约、公平公正、认真履行自己的义务和责任，那么合伙企业就能够获得持久发展。

第三点，保持宽容。

在合伙创业的过程中，创业者难免与合伙人在企业经营管理和利益分配方面发生矛盾。但是，有矛盾不可怕，可怕的是产生矛盾后双方互不相让。古人云"合则两利，分则两损"，为了维护企业的运转和利益，创业者要懂得顾全大局，做到求大同存小异，用宽容的心态面对矛盾和分歧，多寻找自己和对方的利益结合点，想办法解决问题。

以上是创业者自身必须做到的 3 个要点。合伙创业需要创业者与合伙人共同努力，企业才能得到长远发展。

在合伙创业的过程中，创业者有所为，亦有所不为。合伙创业的"三大忌"如图 0-2 所示。

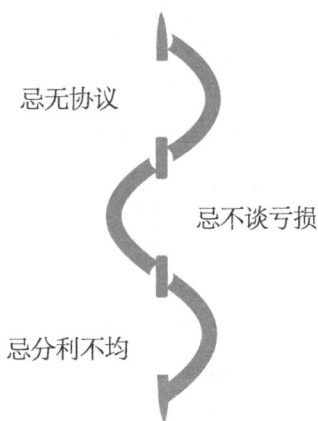

忌无协议

忌不谈亏损

忌分利不均

图 0-2　合伙创业的"三大忌"

第一点，忌无协议。

《中华人民共和国合伙企业法》第 4 条规定："合伙协议依法由全体合伙人协商一致、以书面形式订立。"第 14 条第 2 项规定：设立合伙企业，"要有书面合伙协议"。所以，创业者在创办合伙企业时，要按照法律规定签订合伙协议。合伙协议是确定合伙人之间权利、责任和利益的依据，也是日后解决纠纷的重要依据。

而且，如果企业没有书面合伙协议，工商行政管理部门就有可能拒绝颁发营业执照。合伙协议的主要内容包括出资比例、入伙和退伙条件、债务负担等。

表 0-2 中的几点内容，是一份合伙协议中应该包含的主要内容。在合伙创业时，只有签订合伙协议，才能更好地维护创业者的合法权益。当陷入纠纷的时候，创业者可以根据相关的协议规定进行维权，减少自己的经济损失。

表 0-2　合伙协议中的关键点

合伙协议中的关键点	具体内容
合伙投资、撤资及职责的相关规定	（1）出资细节，约定每个人出资多少，如何分红。 （2）尽量避免出资比例相同，以免经营过程中出现僵局，影响公司正常运转。 （3）参与公司经营的合伙人与不参与公司经营的合伙人之间的权利义务关系应当事先约定清楚。 （4）约定议事规则及重大问题的讨论方式。 （5）规定职责细节，约定每个人负责的内容和执行方式。 （6）规定退出机制，约定在何种情况下合伙人可以退出，退出的时候如何计算资本。 （7）约定有新合伙人进入时，如何稀释股份
意见分歧解决方式	（1）经营方向错误后的调整方案，可以约定是改变经营方向，还是改变执行策略。 （2）观点分歧的解决方案，约定是直接投票解决，还是先找专家进行咨询论证后再解决
经营项目计划、利益分配和责任承担	（1）合伙企业主要经营哪些项目。 （2）经营项目该如何分阶段推进。 （3）经营项目的收益该如何分配，失败该如何承担责任。 （4）什么情况下应该终止某经营项目

在合伙创业的过程中，资金投入、债务支付、收回债权、入伙退伙等手续非常烦琐。有的创业者嫌麻烦不立书面凭证，这种做法是错误的。无论企业是盈利还是亏损，都要账务分明，否则很多问题都说不清楚，合伙人也会因此而反目。

既然是合伙创业，就要留下书面证明，并以此证明合伙关系、出资数额、债务承担的比例和承担的数额、是否已支付合伙债务等。在日常的合作中，各合伙成员都要注意收集各自的相关凭据，以为有可能产生的纠纷保留证据，确保在纠纷中维护自己的权益。

第二点，忌不谈亏损。

有的创业者认为合伙就是要把生意做大，就是为了避免亏损。所以，很多人在合伙的时候从来不谈"亏损"。可是，不谈亏损，亏损就不存在了吗？当然不是。市场风险无处不在，合伙亏损也是常有的事。

所以，选择合伙创业的创业者们千万不要忌讳谈亏损。因为，到最后，亏损是要由合伙人共同承担的，而且亏损产生的债务会直接影响合伙人的个人利益。如果不事先约定好，就会引发矛盾。

第三点，忌分利不均。

利益分配"不患寡而患不均"。在困难时期，合伙人可以同舟共济、同心合力。但是当公司成了气候，开始盈利的时候，合伙人之间反而会产生矛盾，产生这种现象的根本原因就是利益分配不均。

在合伙创业之前，合伙人应该先约定好利益分配方式，以避免因利益分配问题产生纠纷。在执行利益分配约定的时候，创业者也要本着诚信的原则，千万不要随意侵占其他合伙人的利益。

时代的变迁带来了一波又一波的创业机会，无数创业者们前赴后继，迸发出惊人的创造力。有的创业者创立了"独角兽"企业，有的创业者成为改变世界的风云人物。创业者们，在开创自己的事业版图前，不妨先找到自己的合伙人，然后再从 0 到 1 开公司。

第 1 章

创业入门：
无准备不创业

有了创业的想法还不够，你还需要发现商机，其次需要判断这个商机是否适合自己。有些商机潜力很大，但不适合自己，也只能放弃。那么，如何判断一个商机是否适合自己呢？

这就要对商机所在的行业进行分析，即分析自己是否熟悉这个行业。

1.1　机会只青睐有准备的人

如果你有志创业，你就应该从有这一想法的那刻开始准备，因为机会只青睐有准备的人。

机会和时间一样，对人都是平等的。但在漫长的一生中，有的人功成名就，事业辉煌；有的人却碌碌无为，没有任何事业可言。二者的区别在于他们是否有创业开公司的想法，以及是否为开办公司做好了准备。

回首往事，很多人会有悔不当初的心情：如果当时能够抓住那个机遇，我也可以创造一番辉煌事业。然而时光易逝，永不返回。

当机遇来临时，你却不知道它已来到；等你意识到自己与机遇擦肩而过时，徒留悔恨而已。

愚者错失机会，智者善抓机会，成功者创造机会，机会只留给有准备的人。所以，你如果想通过创业开公司来实现自己的人生抱负、财务自由，就必须做好准备。

在创业之前，创业者可通过自问来了解自我准备是否充分，创业前的自我准备内容如图 1-1 所示。

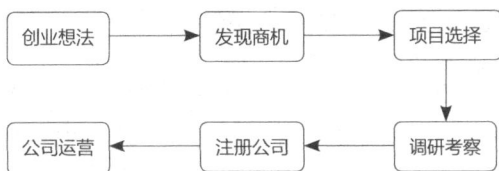

```
┌────────┐      ┌────────┐      ┌────────┐
│ 创业想法 │ ───→ │ 发现商机 │ ───→ │ 项目选择 │
└────────┘      └────────┘      └────────┘
                                     │
                                     ↓
┌────────┐      ┌────────┐      ┌────────┐
│ 公司运营 │ ←─── │ 注册公司 │ ←─── │ 调研考察 │
└────────┘      └────────┘      └────────┘
```

图 1-1　创业前的自我准备

·我可以为创业牺牲什么？我是否愿意牺牲时间和短期收入来创业？我有足

够的心理准备吗？

· 我有发现商机的能力吗？我知道如何发现商机吗？

· 我的专业和人际关系能否转化为产品或服务提供给客户，并从中收取费用？

· 我是否需要一个合伙人？

· 是否有人愿意帮助、支持并指导我创业？

· 我应该从哪些渠道来争取客户？

· 我应该从哪里寻找优秀可靠的员工？

· 我需要融资吗？我应该如何进行融资？融资渠道有哪些？

· 我是否懂得开办公司必须用到的财务知识？

· 我应该如何营销公司研发的新产品？

· 如果没有收入，公司能坚持多长时间？

· 现在是创业的最佳时期吗？

…………

1.1.1　创业与空想，你选哪一个

在 21 世纪，似乎每个人都可以称自己为创业者，仿佛下一刻就能创业成功。

很多人都有过创业的想法，这些想法很美好，但大多数人没有将其付之于行动，实际创办一家公司。这样的人在我们的身边随处可见，他们是"语言上的巨人，行动上的矮子"。我们将这类人称为"创业空想者"。

很多创业始于一个想法。如果将创业比喻成一棵树，那么想法就是种子。创业之树能否茁壮成长在于是否将种子种在泥土里，是否施肥浇水，是否驱除害虫，是否打理枝叶……

真正的创业者与创业空想者的区别如图 1-2 所示。

真正的创业者 —— 对商业有热情
—— 想到就去做、去准备
—— 具有牺牲精神，敢于为之付出

创业空想者 —— 缺少对商业的热情
—— 拖泥带水，迟迟不行动
—— 不舍得付出

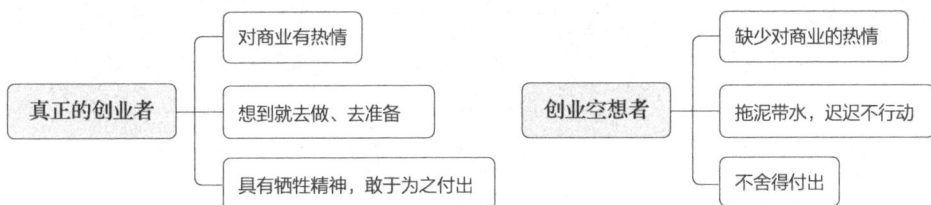

图 1-2　真正的创业者与创业空想者的区别

有很多人说："等机遇来了，我就创业。"事实上，他们可能永远也等不到机遇的来临。在你为创业开办公司做准备的那一刻起，机遇其实就已经在路上了，就看你是否准备好了。

创业开办公司不是造梦游戏，不是比谁的梦境更奢靡华丽、谁的梦时间更长，而是要在现实世界中鼓足干劲，发奋图强。空想是无益的，如果你有创业的想法，那么请行动起来吧。

1.1.2　发现商机，利用信息不对称

有了创业的想法还不够，你还需要发现商机。从经验来看，发现商机的渠道是多种多样的。常见的商机类型如图 1-3 所示。

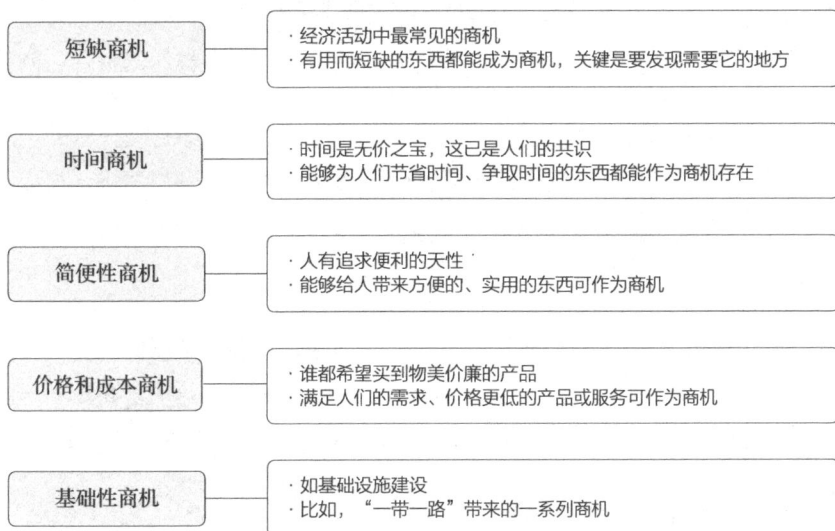

短缺商机 —— ·经济活动中最常见的商机
·有用而短缺的东西都能成为商机，关键是要发现需要它的地方

时间商机 —— ·时间是无价之宝，这已是人们的共识
·能够为人们节省时间、争取时间的东西都能作为商机存在

简便性商机 —— ·人有追求便利的天性
·能够给人带来方便的、实用的东西可作为商机

价格和成本商机 —— ·谁都希望买到物美价廉的产品
·满足人们的需求、价格更低的产品或服务可作为商机

基础性商机 —— ·如基础设施建设
·比如，"一带一路"带来的一系列商机

图 1-3　不同类型的商机

战略商机	· 也被称为"趋势商机" · 如几十年前的"下海经商潮"，即使是摆地摊，创造巨额财富的人也不少
通用需求商机	· 衣食住行是永远的商机主题 · 能够改善人们衣食住行的产品或服务，可作为商机
价值发现性商机	· 价值是人们追逐某种产品或服务的常见原因 · 比如，板蓝根具有清热解毒的功效，很多人都会购买板蓝根
关联性商机	· 很多事情都是互补的，是有关联的 · 比如，人们买水饺时通常会买醋
文化与习惯商机	· 文化对人类的影响是深远的 · 比如，在圣诞节，人们会购买很多圣诞礼品
系统性商机	· 发现较为火热的行业、产品、服务等纵向商机 · 比如，电动汽车畅销，那么充电桩的需求也会增加
涨退型商机	· 人们的需求会呈现"轮回"的特点 · 比如，有段时间流行吃火锅，过段时间则流行吃素菜，再过一段时间，又流行吃火锅

图 1-3　不同类型的商机（续）

要发现这些商机，就要懂得利用信息不对称。只要信息存在不对称，商机就会存在。

创业者要善于寻找、发现并意识到这些不对称信息里隐藏的商机。在当下这个信息时代，谁能掌握更多的信息，谁懂得利用信息不对称发现商机，谁就能成为成功的创业者。

有人说，在信息时代不存在信息不对称的问题，只要想了解信息，"百度一下"即可搜到。这个说法是不对的，如果信息不对称的问题真的被解决了，就不会出现产能过剩的问题了。比如，自 2010 年起持续多年的太阳能电池产能过剩，现在的煤炭产能过剩和钢铁产能过剩等问题。

近年来，我国有不少民营企业开始迈出国际化的步伐，在世界各地开办子公司。这一方面是为了更好地销售产品，另一方面则是为了更全面地了解信息，以免因信息不对称而造成损失或错失机遇。

因此，即使在互联网时代，利用信息不对称仍是创业者发现商机的最佳方式之一。

1.1.3 专业、人际关系，一个都不能少

创业的第一步是发现商机，第二步就是看这个商机是否适合自己。

有些商机潜力很大，但不适合自己，也只能放弃。

那么，如何判断一个商机是否适合自己呢？

这就要对商机所在的行业进行分析，即分析自己是否熟悉这个行业。

创业应从熟悉的行业开始。这是无数先锋创业者的血泪经验。

而熟悉一个行业，就要做到专业。唯有专业，才能掌握行业的发展规律，创业者在此基础上创业才能提高创业的成功率并增加资本的原始积累。

所谓熟悉行业，是指创业者至少要对资金周转、应收款项情况、所需的设备、所需的投资金额、投资收益、最大的花费在哪里、客源在哪里、如何建立良好的人际关系资源等情况有所了解。这样，在创业过程中一旦遇到问题，你就能利用经验去处理，还能预测行业的发展趋势，有效地规避风险，节省摸索的时间，减小与行业标准的差距。专业对创业的重要性如图 1-4 所示。

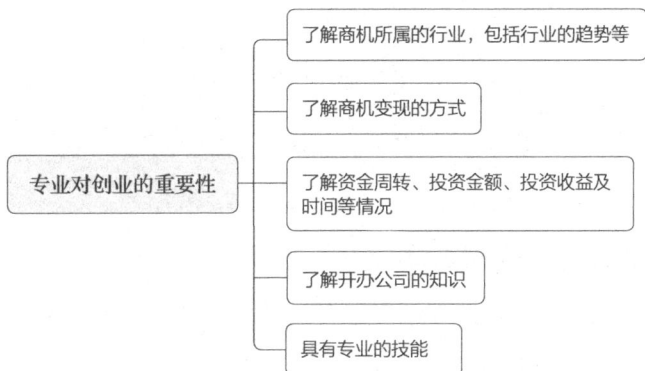

图 1-4 专业对创业的重要性

社会是人与人形成的关系总和，每个人都需要与他人联系，创业意味着要与更多的人打交道，需要更多的人的支持和帮助。如果没有良好的人际关系，创业之路将寸步难行。商界有句名言：有钱比不过"有人"。

人际关系对创业的重要性如图 1-5 所示。

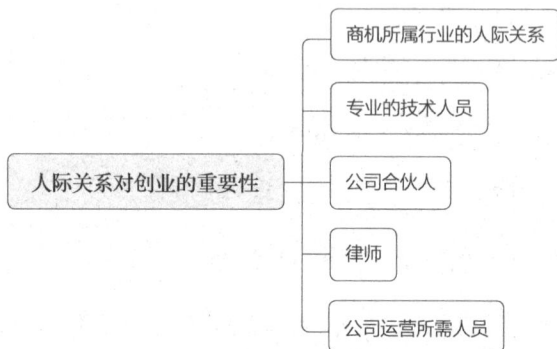

图 1-5　人际关系对创业的重要性

很多创业者都抱怨自己没有良好的人际关系，其实任何人的良好的人际关系都是一点点积累起来的，别人不会凭空帮你。因此，如果你要创业开公司，平时一定要注意积累良好的人际关系，而积累良好的人际关系也是有技巧的。积累良好的人际关系的方法如图 1-6 所示。

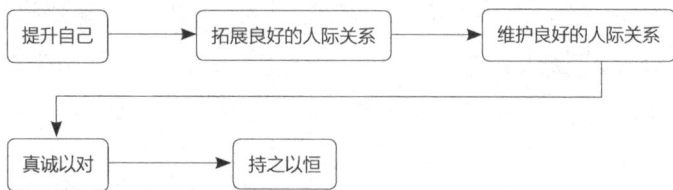

图 1-6　积累良好的人际关系的方法

良好的人际关系对创业非常重要，尤其是要与创业合伙人保持和谐稳定的关系。

1.1.4　选择合伙人，不要选择同伙人

"合伙人"这个概念来源于西方，起源于服务行业，如律师事务所、会计师事务所，它们多采用合伙人机制。

个人是很难察觉到自己身上的盲点的，个人的精力、时间、能力都有局限，而合伙人不仅能够帮助创业者发现盲点，弥补创业者自身的不足，还能与创业者一起面对创业道路上的风雨坎坷。寻找合适的合伙人就如同寻找人生伴侣一般重要。

小米公司的创办人雷军说过，在创业初期，他70%的时间都用来寻找合伙人了。他要找的是跟自己不一样的人，是与自己互补的人，是能成为自己的"镜子"的人。合适的合伙人的标准如图1-7所示。

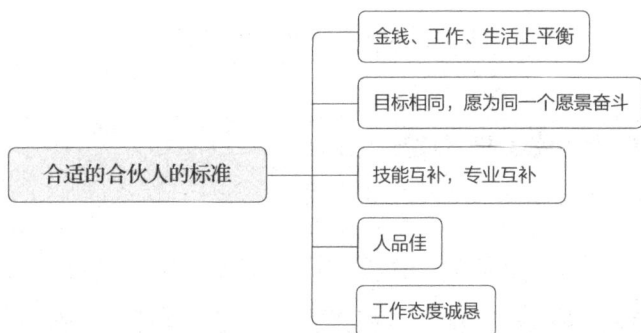

图1-7 合适的合伙人的标准

"同伙人"在这里指与我们观点保持一致的人。同伙人就如同另一个自己，他们对创业者的帮助是很少的，因此应尽量不找同伙人。

创业者要选择那些愿意与自己为了同一个目标、同一个愿景努力奋斗，技能互补的人作为合伙人。

1.2 自我准备是创业准备的前奏

人人都可以创业，但并非人人都能创业成功。在创业之前，创业者应当做好相应的准备。可以说，自我准备是创业者的创业素养。

创业之路是艰辛且充满变数的，因此创业要有资本，要能应对这些变数，而创业最大的资本就是创业者自己。

创业能否成功，除了受商机、良好的人际关系等因素影响外，更重要的是受创业者本人的创业素养影响。创业者应具备的创业素养如图 1-8 所示。

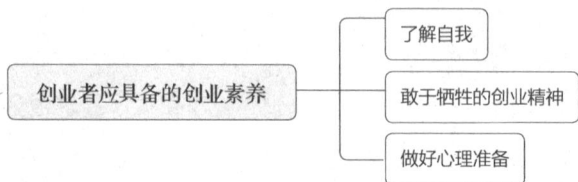

图 1-8　创业者应具备的创业素养

1.2.1　了解自我，比了解专业知识难

人贵在了解自我。

了解自我，也是创业的重要内容。我们很难想象一个不了解自我的人能够成功跨过创业路上的阻碍。有人说，创业说到底是完善自我的过程，唯有了解自我，才能懂得如何完善自我。只有了解自我，才能了解自身的缺陷，才能利用自身的力量。

1.2.2　创业精神，可以缺钱但不能缺精气神

"魂者，器物之统摄也。"

一个缺失信仰、没有精气神的人，就如同行尸走肉；一个团队如果信念动摇，没有精气神，必然效率低下；一个创业者如果缺少精气神，更容易在创业路上失败。

创业难在计划不如变化快，难在把控执行力度和深度，难在根据情况改善计划，难在我们不知道要坚持到何时才能看到曙光，难在我们对项目的了解，难在融资，难在解决资金链要断裂的问题，难在寻找合适的合伙人，难在组建一个高效的团队，难在要随时应对突发情况……

如此艰难的一段创业之旅，如果创业者没有敢于牺牲的创业精神，是难以应对的，是无法通过重重考验的，是无法啃下路途上的"硬骨头"的。因此，创业

者可以缺钱，但不能缺精气神，这是创业成功的基础。

1.2.3　心理准备，破除创业心理的"冰河时代"

创业是最考验创业者的心理素质的，因为创业路上随时可能发生意外或风险，如误用资源、挑错合伙人、找错潜在客户、回报远低于预期、胜利后骄傲自满等。创业者如果没有良好的心理素质，很可能会被眼前的困难吓住，甚至一蹶不振。

如果危机爆发，多年的奋斗成果毁于一旦，你是否有足够的心理承受能力？

如果竞争对手推出了质量更好、价格更低的产品，快速占领市场，你是否可以轻松应对？

如果投入了大量的人力、物力等资源，项目却意外中断，你是否有从头再来的心理准备？

如果公司面临资金短缺、资金链中断的问题，你是否做好了融资的心理准备？

以上只是创业过程中可能遇到的一部分阻碍，创业者想要克服因风险阻碍而产生的对创业的怀疑和恐惧，必须激发自身的热情，视困难为"纸老虎"，做好充足的心理准备。

第 2 章

注册实操：
轻松掌握开公司的流程

创业者注册公司前，应先了解公司的类型，明白各公司类型之间的区别，选择最符合自己需要的公司类型。

2.1 公司筹备：注册之前要做的事

经过一番考察后，你终于决定踏上创业之旅，这时你首先要做的是开办一家公司。

"开办公司"是一件激动人心的事，但开办公司也是一项烦琐的经济活动，涉及注册资金、注册地址、公司章程、报税和五险一金等方方面面的内容，一旦有所疏忽，就会埋下隐患。如果你对开办公司的流程不了解，就如站在岔路口，不知选哪条路才是正确的。

因此开办公司前应进行筹备，也就是做好注册公司前的准备工作，具体如图2-1所示。

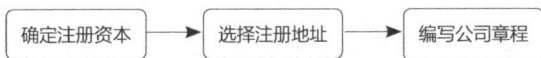

确定注册资本 → 选择注册地址 → 编写公司章程

图 2-1 注册公司前的准备工作

2.1.1 确定注册资本的多少

注册资本是创业者和合伙人所缴纳的出资数额的总和。注册资本能够在某种程度上体现公司的实力。

在2014年3月1日以前，注册资本的最低数额有明确的规定。不同类型公司注册资本的最低数额如表2-1所示。

表 2-1 不同类型公司注册资本的最低数额

公司类型	一人有限责任公司	二人及以上有限责任公司	股份有限公司
注册资本	最低为 10 万元人民币	最低为 3 万元人民币	最低为 500 万元人民币
注册要求	注册资本需一次到位	首批可先到位 20%，剩下的两年内到位即可	发起人要 ≥ 2 人，但要 ≤ 200 人

但从 2014 年 3 月 1 日新《中华人民共和国公司法》（后文简称《公司法》）实施后，取消了对 2 人及以上有限责任公司最低缴纳 3 万元注册资本的规定，也不再限制公司发起人的首次出资比例和缴足出资的时间。

目前而言，如果你想开办公司，可以暂时不必担心注册资金的问题，这对资金短缺的创业者来说是一利好消息，即使创业者只有 1 元钱，也可以注册开办公司。

公司是以注册资本来承担经营活动的风险的，从法律角度来说，公司注册资本越少，股东责任就越小。不过注册资本是公司实力的体现，如果公司的注册资本只有 1 元，难免会让银行、合作伙伴、投资方等担忧公司如何支付房租、员工工资等问题。

如果公司注册资本过多，虽能取得银行等第三方的信任，但创业者需以缴纳注册的资本对公司负责。另外，虽然目前注册资本实行"认缴制"，创业者不必马上缴纳足额的资金，但只要认缴了，就必须缴纳足额的资金。

通常来说，注册资本要根据公司的预算来确定，能够满足公司 1~2 年的资金需求即可。随着公司的发展，公司的资金需求增加，如果是长期需求，那么可以追加注册资本，到工商行政管理局变更登记手续即可；如果是临时需求，可通过贷款等融资方式进行周转。公司确定注册资本的方法如图 2-2 所示。

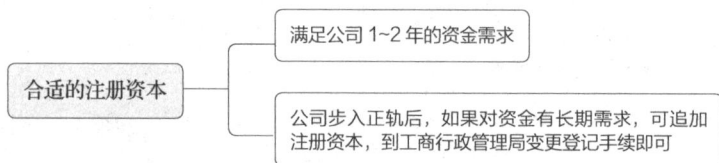

图 2-2　公司确定注册资本的方法

如果缴纳了过多的注册资本，可以到工商行政管理局办理减资手续，但其过程较增资手续更复杂，因此创业者最好事先确定好注册资本的数额。

2.1.2　选择合适的注册地址

公司成立前应选择合适的注册地址，因为创业者在申请注册公司时，需向登记机关提交公司住所证明。

注册地址指公司的住所，是公司的主要办事机构所在地。

由于公司住所是公司开展各项业务的中心场所，即使日后公司发展壮大，有多个办事机构，主要的办事机构地址也只能有一个。

注册地址的选择需注意以下几个方面的问题。

·注册地址的场所既可以是租赁的，也可以是自有的。如果是自有场所，要持有产权证明，因为创业者在进行工商注册时，工商行政管理局会核实场所的产权证明，包括房产证、土地使用证等。

·如果租用企事业单位的房屋作为注册地址，创业者要提供该单位的营业执照副本复印件，并加盖公章，另外还要提供双方的租赁合同。

·要注意房屋的产权性质，如商住、商业、写字楼、办公楼等。

·注册地址最好稳定，因为若公司成立后注册地址发生变动，需要进行变更登记。

2.1.3　编写公司章程

《公司法》规定，公司章程是公司成立的必要条件之一。登记机关会对公司章程进行审查，如果审核通过，则批准成立公司。如果审核未通过或没有公司章程，则不能获得批准；创业者应按照规定修改公司章程或重新提交公司章程，直至审核通过。

公司章程指按照相关的法规，从公司名称、注册地址、营业范围、管理制度、财务制度等层面对公司组织和活动进行规定的书面文件。

公司章程的特征如图 2-3 所示。

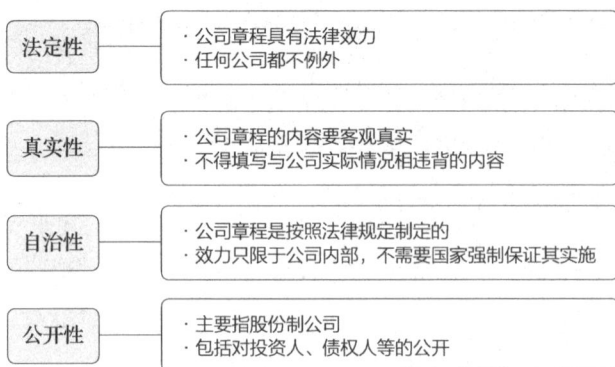

法定性	· 公司章程具有法律效力 · 任何公司都不例外
真实性	· 公司章程的内容要客观真实 · 不得填写与公司实际情况相违背的内容
自治性	· 公司章程是按照法律规定制定的 · 效力只限于公司内部，不需要国家强制保证其实施
公开性	· 主要指股份制公司 · 包括对投资人、债权人等的公开

图 2-3　公司章程的特征

公司章程的制定要获得股东的认可，它相当于公司的"宪章"，一旦确定，即对该公司的股东、董事、监事、高级管理人员产生约束。它是公司运营的基本法律依据之一，也是公司规范管理的关键之一。

公司章程通过审核后，即具有法律效力，因此在制定时应考虑周全。通常来说，公司章程的内容如图 2-4 所示。

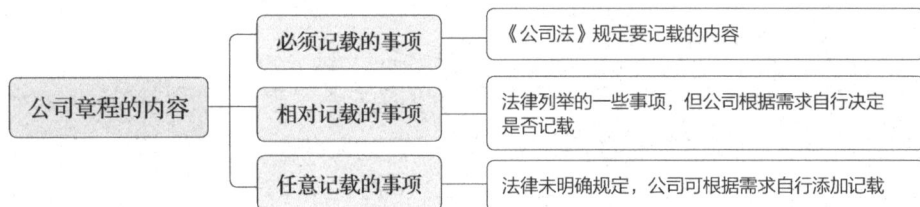

公司章程的内容	必须记载的事项	《公司法》规定要记载的内容
	相对记载的事项	法律列举的一些事项，但公司根据需求自行决定是否记载
	任意记载的事项	法律未明确规定，公司可根据需求自行添加记载

图 2-4　公司章程的内容

根据《公司法》，股份有限公司的公司章程必须包括以下 13 项内容。

· 公司名称和住所。

· 公司经营范围。

· 公司设立方式。

· 公司注册资本。

· 发起人的姓名或名称和投资的金额。

· 股东的权利和义务。

· 董事会的组成、职权、任期和议事规则。

· 公司法定代表人。

· 监事会的组成、职权、任期和议事规则。

· 公司利润分配办法。

· 公司的解散事由与清算办法。

· 公司的通知和公告办法。

· 股东大会认为需要记载的其他事项。

相对记载事项通常包括公司的期限、发起人的报酬、分公司的设立等内容。目前《公司法》对其没有明确规定。

公司章程记载的事项很多，为了方便创业者制定公司章程，这里提供某有限责任公司的章程作为范本，创业者可依此来编写公司章程。

_____ 有限（责任）公司章程

第一章　总　则

第一条　根据《中华人民共和国公司法》（以下简称《公司法》），经全体股东讨论，共同制定本章程。

第二条　公司名称：_____ 有限（责任）公司（以下简称"公司"）。

公司地址：_____。

第三条　公司注册资本：人民币 _____ 万元。

公司增加或减少注册资本，必须召开股东大会，由全体股东通过并做出决议。公司减少注册资本，应在做出决议日起的 10 天内通知债权人。公司变更注册资本应按照相关规定向工商行政管理局等机构进行变更登记。

第四条 公司经营范围：_____。

第五条 公司经营期限：自营业执照签发日期起到 _____ 年。

第六条 公司员工应遵守章程。

第二章 股东姓名、出资方式、出资额、出资时间

第七条 公司由下列股东共同出资设立：

自然人 1：姓名 _____ 出资方式 _____ 认缴出资额 _____ 万元 占公司注册资本 _____% 出资时间 _____

自然人 2：姓名 _____ 出资方式 _____ 认缴出资额 _____ 万元 占公司注册资本 _____% 出资时间 _____

自然人 3：姓名 _____ 出资方式 _____ 认缴出资额 _____ 万元 占公司注册资本 _____% 出资时间 _____

自然人 4：姓名 _____ 出资方式 _____ 认缴出资额 _____ 万元 占公司注册资本 _____% 出资时间 _____

第八条 公司成立后，向股东签发出资证明书。

第三章 股东的权利和义务

第九条 股东享有以下权利：

（一）按出资所占的比例享有分红的权利；

（二）有权查阅股东会议记录和公司的财务会计报告；

（三）有在股东大会行使表决权的权利；

（四）有被选举为董事、监事等权利；

……

第十条 股东负有以下义务：

（一）股东按照规定缴纳足额的认缴资金；

（二）股东以其所持股份为限对公司承担责任；

…………

第四章　股东转让出资的条件

…………

第五章　公司机构的职责及选举办法，公司议事规则

…………

第六章　公司的法定代表人

…………

第七章　财务、会计、利润分配及劳工制度

…………

第八章　公司解散事由与清算办法

…………

第九章　附则

…………

公司章程要由全体股东签字，并签署日期。公司章程通过登记机关的审核后即刻生效，产生法律约束力，公司的后续管理、运营等都要严格遵守该章程。

2.1.4　快速掌握注册流程

目前，虽然国家对注册公司的条件一再降低，甚至 1 元钱即可开办公司，但开办公司并非是无条件的，至少要满足如图 2-5 所示的几个条件。

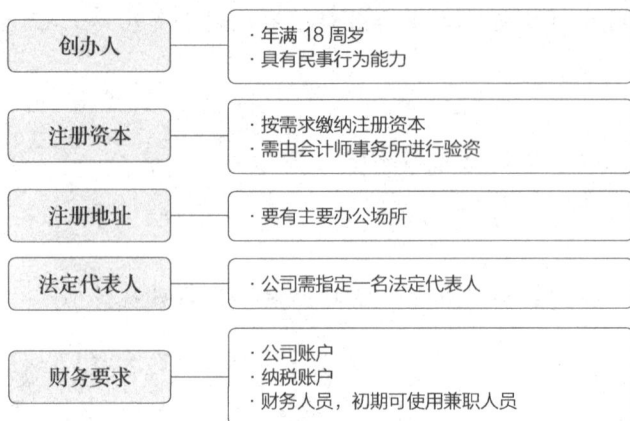

图 2-5　注册公司的条件

满足上述条件后，注册公司还需要提供一些资料。除了法定代表人的身份证、公司基本账户外，还需准备的资料如图 2-6 所示。

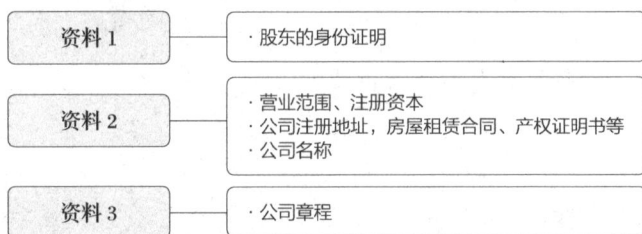

图 2-6　注册公司所需的其他资料

准备好上述资料后就可以去注册公司了。但在注册公司前，为了避免做无用功，先来简单了解一下注册公司的流程，以便更高效地完成公司的注册。注册公司的流程如图 2-7 所示。

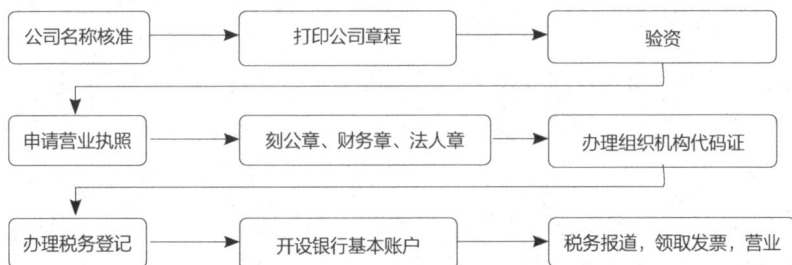

图 2-7　注册公司的流程

公司名称核准：到工商行政管理局领取一张《企业（字号）名称预先核准申请表》，填写拟定的公司名称；工商行政管理局会根据填写的名称进行检索，如果有重名则需重新取名，如果没有重名则可以使用这个名称；公司名称核准通过后，工商行政管理局会发放《企业（字号）名称预先核准通知书》。

打印公司章程：将公司章程打印出来，这是注册公司所需的资料。

验资：其流程如下。

·先在银行开立临时账户，将注册资金汇入账户中。

·具有验资资格的机构进行验资工作，验资后出具验资报告。

申请营业执照：验资后，办理人带着验资报告、股东签名的《公司设立登记申请书》《指定代表或者共同委托代理人的证明》《企业名称（字号）预先核准通知书》《公司章程》、股东身份证明文件及主体资格证明、法定代表人身份证明及任职文件、公司注册地址证明文件等资料前往工商行政管理局进行办理。

公司凭营业执照刻公章、财务章、法人章等。

凭营业执照、公章办理组织机构代码证。

凭营业执照、组织机构代码证、公章办理国税、地税登记。

凭营业执照、税务登记证、公章开设银行基本账户，领取发票后，公司就可以正式营业了。

2.2　公司类型：分清各种公司的性质

创业者注册公司前，应先了解公司的类型，明白各公司类型之间的区别，选择最符合自己需要的公司类型。

公司是指按照相关法规成立的，以营利为目的，有独立的法人财产，从事经营活动或其他活动的组织。

目前，我国公司的主要类型如图 2-8 所示。

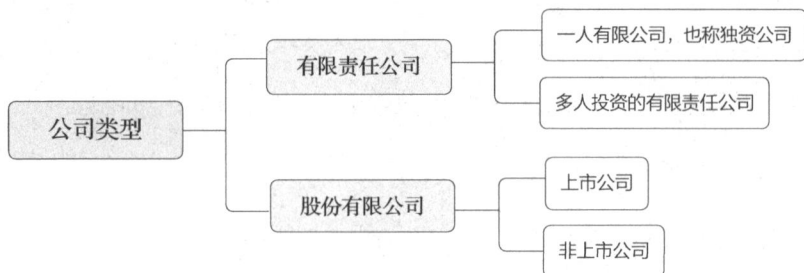

图 2-8　我国公司的主要类型

2.2.1　有限责任公司

有限责任公司被很多人推崇为现代社会最伟大的发明之一。在其之前，创业者开办公司要承担无限责任，即如果公司发生亏损，经营者要赔上所有的资产；如果还有负债，经营者仍要承担偿还责任。

而在有限责任公司出现后，这种情况得到了根本性的改变。

从法律层面来讲，公司是虚拟的但具有独立人格的"人"，即"法人"，它能够像正常人那样签署合同、履行义务；达到某些条件时，公司可以申请破产。公司股东以个人对公司的投资为限对公司的债务负责，除此之外，股东无须以自己的其他资产来偿还债务，即股东承担有限责任。

有限意味着风险可控，这对创业者来说是一种很好的保护，创业者不用担心因为破产而必须以其他资产承担连带责任。从经济层面来说，有限责任公司极大地促进了人类社会的发展。

股东以出资额为限，享受权利，承担义务，具有资合的特点。但公司不能公开招股，股东间较为熟悉，因此也有人合的特点。

根据《公司法》的规定，有限责任公司具有以下特点。

·股东以出资额为限对公司承担责任，公司以所有资产承担公司债务；债权人不能要求以公司外的资产来偿债。

· 股东人数受限，一般在 2 人以上、50 人以下。

· 股东转让出资受到限制，转让需征得其他股东的同意。

· 不能采用公开方式向社会募集资金，也不能发行股票。

· 设立条件、注册流程都相对简单。

有限责任公司是普遍存在的，也是创业者较喜欢的一种公司类型。

2.2.2 股份有限公司

股份有限公司是将公司的资本折算为股份所组建的公司，股东以所持有的股份为限对公司负责，享受收益或承担债务，具有资合的特点。

股份有限责任公司的特征有以下几点。

· 公司的资本被划分为金额相等的股份。

· 股东人数较多，但不能多于 200 人。

· 公司股份可以自由、公开转让。

· 可以向社会公开发行股票筹集资金，只要购买了股票，就可以成为该公司的股东，哪怕只购买了一股；股东具有广泛性，任何人均可成为公司的股东。

· 设立条件和解散条件均较复杂，手续烦琐。

由此可见，股份有限公司和有限责任公司是有区别的，两者之间的区别如表 2-2 所示。

表 2-2　股份有限公司与有限责任公司的区别

	股份有限公司	有限责任公司
股份是否等额	股份等额	不等额
股东人数	2~200 人	2~50 人
募集资金是公开还是封闭	公开	封闭

（续表）

	股份有限公司	有限责任公司
股份转让的自由度	较为自由	受限制，需征得其他股东的同意
设立条件	较严格	较宽松
人合或资合	资合	人合，资合

2.2.3 工作室和个体工商户

除了注册有限公司以外，创业者也可以注册工作室和个体工商户来实现自己的创业梦想。

1. 工作室

由一个人或几个人建立的一种小型组织，有的具有公司的雏形。工作室通常是为了实现某种目的、愿望而创立的，形式多样、规模不大，多数无职位之分，遇到事情其成员会一起讨论解决。工作室的优势和劣势如图 2-9 所示。

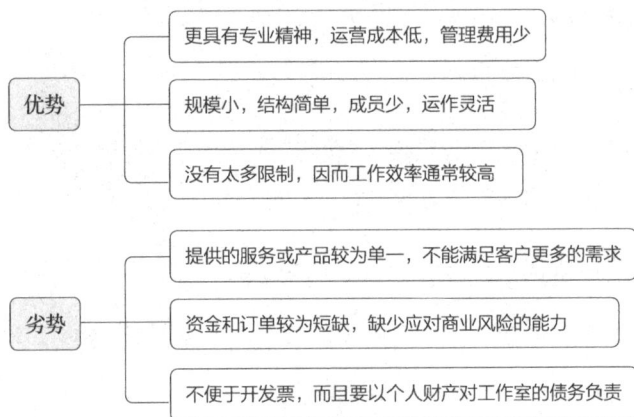

图 2-9　工作室的优势和劣势

资金短缺、手上又有些订单的创业者不妨尝试先从工作室做起，待工作室发展壮大以后再考虑改为公司形式。

2. 个体工商户

具有经营能力并且按照规定在工商行政管理部门登记，从事工商业经营的公民，即为个体工商户。

个体工商户有个人经营、家庭经营、合伙经营 3 种组织形式。个人经营以个人资产对债务负责，家庭经营以家庭资产对债务负责，合伙经营以合伙成员的资产对债务负责。

个体工商户通常以商店或门店作为经营方式。

对创业者而言，注册个体工商户的优势有申请注册登记手续简单、费用少、经营灵活。

另外，还有一点要注意，个体工商户纳税通常是由税务人员预先根据个体工商户所在位置、员工人数、经营的产品等来估算销售额，并以此销售额来确定税金。不管当月销售额是否达到所估算的销售额，个体工商户都要足额缴纳税金。

2.3 公司核名：打出响亮的名号

公司名称对公司至关重要，要求易记、易读、朗朗上口、寓意美好等，目的是给客户留下好的印象。如果公司名称识别度较低、使用生僻字、晦涩难懂，会给客户带来识别障碍，客户会产生抵触心理，从而对公司的形象产生不好的印象。

事实上，在国外，很多公司会找专业取名公司为自己取名，有些较为著名的取名公司的年营业额可以达到数千万美元，其分公司遍布世界各地。当然，对创业者来说，这种方式需要花费一定的费用，因此在决定采用这种方式前应先考虑公司的财务状况。

公司对于取名应予以重视，并舍得在这上面花费时间、精力。公司名称好比人的脸面，代表公司的形象，尤其对初创企业来说，塑造品牌可以先从打出响亮的名号开始。

2.3.1 公司名称登记原则

公司名称是公司外在形象的组成内容，为了方便客户识别，同时遵循法律法规对公司名称制定的相关规则，创业者在为公司取名字、进行登记前应遵循以下原则。

①注册公司的名称不得包含下列内容的文字。

·有损国家、社会公众利益的。

·可能让公众产生误解或欺骗公众的。如洗发水中有个"飘柔"品牌，再注册一个"飘柔"洗发水，公众容易误解；如"康帅傅"饮料很容易让公众看成"康师傅"饮料；等等。

·其他国家及地区的名称、国际组织的名称。如果公司在国内，不能将"美国""法国"等词用在公司名称中。

·政党名称、党政机关名称、群众组织名称、社会团体名称及部队番号。

·名称中不得含有外国文字、汉语拼音字母、阿拉伯数字。比如，公司不能取名为"书店第 1""Lucy""LYH 香水"等。

·其他法律法规所禁止的文字。

②公司取名应使用合乎国家规范的汉字。

③名称中不得含有另外一个公司的名称。

④与其他公司名称变更前的名称相同，但该公司更名时间未满 1 年的，不予登记。

⑤与注销登记、被吊销营业执照的公司名称相同，但该公司注销或吊销营业执照时间未满 3 年的，不予登记。

创业者在进行名称登记前，应先准备多个名称，以免有重名或不合规定的名称，导致来回奔波。准备多个名称可以增加名称审核通过的概率。

2.3.2　公司取名注意事项

公司名称将一直伴随公司（若中途未改名），是大众识别公司的标志。公司取名除了要注意名称登记原则外，还有很多事项需要注意。

1. 避免多音字

多音字很容易让人感到无所适从，消费者不知该以哪个音为准，很容易读错，其寓意也不明朗。因此公司取名应尽量避免使用多音字，当然并不是说多音字不能用，至少应该确保消费者能准确读出来。

"马家堡"是北京的一处地名，虽然不是公司的名字，但我们可以分析一下它的读音。马家堡 3 个字连起来读应该是 mǎ jiā pù，指的是古代的一个驿站，但是堡这个字有 3 个读音，而且每个读音都有不同的意思。

[bǎo] ①军事上防守用的建筑物：～垒。城～。桥头～。②古代指土筑的小城："徐嵩、胡空各聚众五千，据险筑～以自固"。

[bǔ] 有城墙的村镇，泛指村庄（多用于地名）：～子。马家～。

[pù] 古同"铺"，驿站（今用于地名）：十里～。

2. 生僻字

公司名称是面向广大消费者的，故创业者在取名时应考虑大众的接受程度，生僻字还是少用为好。当然，有些生僻字寓意很美好，但这并不代表可以将它用作公司名称。如果公司名称需要消费者去查《康熙字典》才能得知其准确读法或含义，事实上，这非常不利于公司打出名号。

某大豆蛋白粉厂为自己的大豆蛋白粉、速溶豆乳品等产品取名为"罡凤"。这个名字就很少有人能读出来，更别提产品畅销了。

3. 名称不吉利

这是公司取名的大忌。面对不吉利的名称，不仅创业者会有不好的联想，就连消费者也会产生不好的联想，从而影响公司的传播程度和在消费者中的认可程度。

"步行者"是某个公众人物所开公司的名称，后来这个公司倒闭了。当然，这个公司倒闭的原因是多种多样的，但我们可以试着分析一下这个名称，步行者也可以读成不行者，这个名称很不吉利，这就是音同义不同造成的。

4. 寓意隐晦

寓意隐晦就是含义过于深奥，消费者看不懂。就像选用生僻字一样，公司名称意思虽好，但如果没有人能懂，寓意再好也没有意义。

5. 雷同相似

如今市场上有很多相似的产品，名称相似、包装相似、广告语相似，给消费者带来很大的困扰，也影响了产品的销量。比如，在超市货架上，同一排产品有"福林""富林""青林""永林"，消费者很容易混淆这些产品。公司名称也是如此，过于相似的名称，就像一棵树处于一片类似的树林中，是很难被识别出来的。

2.3.3 如何为公司取个好名称

好的名称可以让公司获得更多的关注，甚至可以提升公司的业绩。公司就如同创业者的孩子，创业者自然想要取个好记、好听、朗朗上口又有好寓意的名字，然而取名看似简单，实际却很麻烦，费脑又伤神。

以 LUX（力士）香皂为例。1899 年，英国联合利华公司研发了一种新型香皂，香气四溢，质优价廉，然而这种香皂在刚投入市场时销量却不佳。公司管理层很是诧异，像这种物美价廉的香皂应该畅销才对，其销量为什么不好呢？后来调查发现，原来是香皂名称惹的祸。香皂名为"猴牌"（MONKEY），消费者很是反感，因此难以产生购买欲望。后来经过反复讨论，相关人员提出多个备选名称，最终采用 LUX 作为香皂名称，原因在于这个名称简单、好记、辨识度高、朗朗上口。改过名称的香皂再次投入市场，销量大增，并顺利进入国际市场。同一个产品，由于使用的名称不同，在市场上的销量产生了天壤之别，由此可见名称的重要性。而 LUX 也因此成为以"名"获胜的典型案例。

这种案例很多，如青岛著名的一木家具，其名称中蕴含着"没有一木不成家"之意，朗朗上口，给消费者留下了深刻印象；又如杭州著名的娃哈哈集团，其名称读起来很顺口，消费者看见娃哈哈就有种亲切感，从而拉动了该企业产品的销量。

由以上案例可知，公司名称很重要，那么该如何给公司取名呢？

一般来说，好的公司名称要符合以下几个特点。

· 彰显公司的文化底蕴。

· 便于识别，让大众一眼就能识别出公司。

· 公司名称要与品牌、商标等具有统一性。

· 名称要有个性，尽量避免"看过即忘"的名称。

· 名称应积极向上且具有时代内涵。

一般来说，公司名称由行政区划、字号、行业、组织形式依次组成。行政区划通常指企业所在地的县级以上的行政区划的名称；字号指公司的名称或招牌，应由 2 个或 2 个以上的汉字组成；行业指公司所处的行业；组织形式指公司类型。

例如，北京橡皮服装有限责任公司，其中"北京"是行政区划，"橡皮"是字号，"服装"是行业，"有限责任公司"是组织形式。

当然，如果你觉得取名很难，那么可以借助互联网上的取名服务。你可以打开搜索网站，输入"公司取名"，就可看到各类取名软件，有收费的，也有免费的；还可以在相关网站悬赏邀请网友取名，选择其中最合心意又能通过审核的名称即可。

2.3.4　申请公司名称的流程

通过各种方法，创业者准备了好几个公司名称，那么该如何申请公司名称呢？申请公司名称的流程如图 2-10 所示。

准备资料　→　查名　→　核准　→　工商注册登记

图 2-10　申请公司名称的流程

1. 准备资料

需提供以下材料：股东身份证原件和复印件；自然人身份证明；公司注册资本及出资比例；预先准备的几个公司名称；公司经营范围；有全体股东签名的、填写完整的《企业（字号）名称预先核准申请书》。

2. 查名

一般来说，公司注册地址在哪个区域，就在哪个区域查名。

3. 核准

· 递交相关登记资料，如果审核通不过，工商人员会当场告知；如若预查通过，可以领取《名称登记受理通知书》，等候核准结果。

· 一般来说，名称核准需 3 ~ 5 个工作日，不同地区的实际情况可能稍有差别。

· 按照约定日期，领取《企业（字号）名称预先核准通知书》，该通知书有效期为半年。

4. 工商注册登记

在《企业（字号）名称预先核准通知书》有效期内，前往工商行政管理局办理工商注册登记。如果需要延期，可以办理延期手续，再延长半年时间。最好不要超过 1 年时间，否则《企业（字号）名称预先核准通知书》将无效。

2.4 银行验资：快速高效完成验资

《公司法》规定：公司所缴纳的注册资本必须由法定的出资机构出具验资报告，该报告是企业存入了相应注册资本的合法证明。

所谓验资，指将资金转入一个临时账户，而后银行出具入资证明，会计师事务所出具验资报告，表明股东已经缴纳了注册资本。

值得注意的是，注册资本实缴制，也就是公司营业执照上所标明的注册资本有多少，那么该公司的银行验资账户上就只能多于而不能少于这个数；注册资本认缴制则不需要在注册登记时进行验资，不过公司要以营业执照上的注册资本为限来承担责任。

2.4.1 临时存款账户的开设

临时存款账户用于机构或存款人在经营活动中发生的临时的资金收付，适用于设立临时机构、注册验资等情况。

通常来说，公司开设临时存款账户需要准备以下资料。

·《企业（字号）名称预先核准通知书》原件和复印件。

·公司的营业执照正本及法人代表的身份证复印件。

·税务登记证、组织机构代码证、法人身份证、开户许可证、公章、印鉴等。

·公司的介绍信。

准备好资料后，便可以去银行申请开设临时存款账户，其流程如图 2-11 所示。

填写申请书 → 填写业务收费凭证和现金缴款单 → 进账单和询证函 → 审核

图 2-11　申请开设临时存款账户的流程

1. 填写申请书

填写开设临时账户的申请书，需要加盖法人章或股东章，并提供相应的证明文件。

2. 填写业务收费凭证和现金缴款单

业务收费凭证是公司办理业务时填写的收费凭证，各家银行的费用可能有差异，但差异不大，需要在该凭证上加盖财务章和法人章。

现金缴款单，指公司将现金存入银行账户时填写的凭证。

3. 进账单和询证函

进账单指持票人或收款人将票据款存入其开户银行账户的凭证。

在注册资金到账后，即可前往银行办理询证函。办理询证函需要准备以下资料：会计师事务所盖章的询证函、现金缴纳单的原件和复印件、股东章、已缴纳询证费用单据的原件和复印件、《企业（字号）名称预先核准通知书》、股东身份证原件和复印件。

4. 审核

等待银行审核，审核通过后银行一般会出具入资证明并返回询证函。

临时存款账户是有期限的。如果要延长期限，应在有效期内向开户银行提交申请，银行核准后，便可办理延期。临时存款账户的有效期不能超过 2 年。

2.4.2　验资的简略流程

为了方便创业者验资，这里从整体上简单介绍验资的流程，如图 2-12 所示。

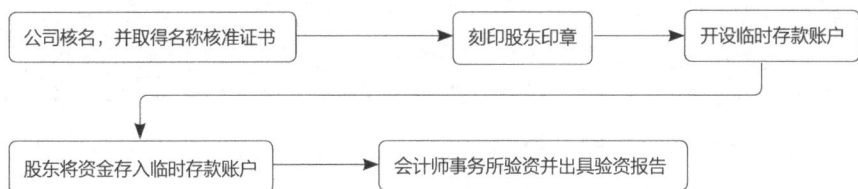

图 2-12 验资的流程

①刻印股东印章，后面很多资料都需加盖股东印章。

②开设银行临时存款账户和存入注册资本在 2.4.1 节中已讲过。这里主要讲述会计师事务所验资所需的资料，其需要的具体资料如下。

·《企业（字号）名称预先核准通知书》复印件。

·公司营业执照、法人身份证、股东身份证。

·房屋租赁合同复印件或房产证。

·公司章程复印件。

·缴纳注册资金的进账单。

·银行出具的询证函。

·股东印章。

·其他资料。

2.4.3 验资的注意事项

验资过程虽然不算复杂，但在实际操作的过程中经常会出现一些纰漏。下面列举了一些验资中应注意的事项。

·事先刻好股东印章，一般为正方形私章。

·关于资金金额，必须以投资人的名义并按照投资比例来出资，整体金额不能少于应出金额。

·资金的用途一项，要填写"投资款"或"验资款"，而不要填"业务款""借款"等。

·现金缴款单、进账单、对账单等款项来源为"投资款"或"验资款"，缴款人写股东名字，要保管好入资账单。

·可跨行、跨省办理入资手续，但入资时间以资金到达临时存款账户的时间为准，而非股东划出资金的时间。

提醒：如果是实物出资需注意，实物必须为投资人所有且未用于担保，实物投资需办理实物所有权转移手续，实物要经过评估且有实物评估报告。

2.4.4 出具验资报告

验资报告是公司缴纳了注册资金的合法证明，由会计师事务所出具。其参考格式如下。

公司全体股东：

我们接受委托，审验了贵公司截至 _____ 年 _____ 月 _____ 日申请设立登记的注册资本实收情况。按照国家相关法律、法规的规定和协议、章程的要求，提供真实、合法、完整的验资资料，保护资产的安全、完整是全体股东及贵公司的责任。我们的责任是对贵公司注册资本的实收情况发表审验意见。我们的审验是依据《独立审计实务公告第 1 号——验资》进行的。在审验过程中，我们结合贵公司的实际情况，实施了检查等必要的审验程序。

根据协议、章程的规定，贵公司申请登记的注册资本为人民币 _____ 元，由 _____、_____ 于 _____ 年 _____ 月 _____ 日之前缴足。

经我们审验，截至 _____ 年 _____ 月 _____ 日，贵公司已收到全体股东缴纳的注册资本合计人民币 _____ 元（大写），其中以货币出资 _____ 元、以实物出资 _____ 元、以知识产权出资 _____ 元、以土地使

用权出资 _____ 元。知识产权出资金额占注册资本的比例为 _____%。

本验资报告仅供贵公司申请设立登记及据以向全体股东签发出资证明时使用，不应将其视为对贵公司日后资本保全、偿债能力和持续经营能力等的保证。因使用不当所造成的后果，与执行本验资业务的注册会计师及本会计师事务所无关。

附件

1. 注册资本实收情况明细表

2. 验资事项说明

会计师事务所 中国注册会计师：_____

（公章）助 理 人 员：_____

报告日期：_____ 年 _____ 月 _____ 日

2.5　税务登记：企业应尽的责任和义务

根据相关规定，领取工商营业执照的，从事生产、经营的纳税人，应从领到执照之日起 30 日内申报办理税务登记。纳税人逾期办理将会被处以罚款，因此要特别注意。

纳税是公司应尽的义务，因此创业者在领到营业执照后应及时办理税务登记证。

税务登记证指公司向注册所在地的主管税务机构申报办理税务登记后，由税务机构颁发的税务凭证。该凭证使用范围很广，如开设银行账户，申请减税、免税、退税等事项时，都需要提供税务登记证。

2.5.1 税务登记的办理流程

开办公司必然要办理税务登记，不过有些创业者因为不了解税务登记的流程而吃了不少苦头，来回奔波，因此事先了解税务登记的流程十分必要。通常来说，公司办理税务登记的流程如图 2-13 所示。

申请工商营业执照 → 填写税务登记申请表 → 税务登记受理与审核 → 领取税务登记证

图 2-13　税务登记的流程

1. 申请工商营业执照

办理税务登记应事先办理好工商营业执照，然后带上营业执照副本及复印件、法人、股东身份证及复印件，组织机构代码证，公司章程复印件，验资报告，房屋租赁合同或房产证等资料，然后前往税务局办理。

2. 填写税务登记申请表

在税务局领取《办理税务登记证申请表》，如表 2-3 和表 2-4 所示，并根据实际情况填写相关内容。

办理税务登记证申请表

申办人名称：＿＿＿＿＿＿＿＿＿＿＿＿＿＿＿＿＿＿＿＿＿＿

申办人(公章)　　　　　　　　　　　　法定代表人或业主(私章)

申请日期：＿＿＿＿ 年 ＿＿＿＿ 月 ＿＿＿＿ 日

表 2-3　税务登记申请表（申请人填写）

纳税人名称		联系电话	
主管单位		行业	
经营场所		从业人数	
所在市场		登记注册类型	

（续表）

投资总额（万元）	投资各方名称		投资金额	投资比例

财务负责人		办税人员		核算形式	
低值易耗品摊销办法	1. 一次摊销法 2. 五五摊销法 3. 分次摊销法	折旧方式	1. 平均年限法 2. 工作量法 3. 年数总和法 4. 双倍余额递减法	预算管理形式	1. 全额预算 2. 差额预算 3. 自收自支 4. 预算外

开户银行		账号	币种	是否缴税账号

E-mail 地址				
总机构情况	企业名称		法定代表人	
	注册地址		登记注册类型	
	资本	税务登记号	主管税务机关	

表 2-4　税务登记申请表（受理登记税务机关填写）

税务登记代码	副本份数	发证日期	户管单位
税务登记经办人 （签章） 日期			

3. 税务登记受理与审核

将申请表交给税务管理人员，税务管理人员会对申请表进行审核。要注意，有的受理登记税务机关可能会收取费用。

4. 领取税务登记证

审核通过后，创业者就可以领到税务登记证。

在办理税务登记时，根据实际情况办理地点可能会有差异。如果是缴纳增值税，创业者需到国税局办理。

地税局和国税局办理税务登记的流程和提交的资料相差不大，下面是办理税务登记需要提交的资料清单。

· 填写《办理税务登记证申请表》。

· 法定代表人身份证及复印件。

· 营业执照副本及复印件。

· 组织机构代码证及复印件。

· 公司章程、协议及复印件。

· 公司和个人印章。

· 其他资料，如董事会成员名单、经营场地证明的原件等。

2.5.2 申请领购发票

发票指公司为客户提供产品或服务，以及在其他经营活动中，所开具的业务凭证，它是会计核算以及审计机构、税务机构执法检查的重要凭证，也是税务机关征收税款的重要依据。

办理税务登记，领取税务登记证后，企业就可以向主管税务机关提出领购发票的申请。税务机关审核公司条件，审核通过，公司就可以领取《发票领购簿》。

一般来说，公司申请领购发票需要先取得资格认定，然后再领购发票。

1. 申请办理领购发票资格认定

其流程如图 2-14 所示。

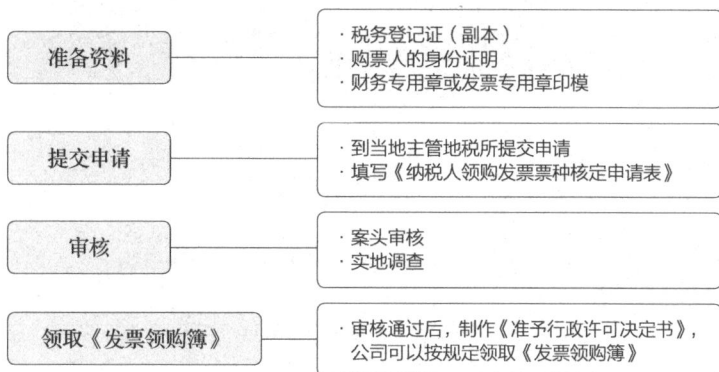

图 2-14　申请办理领购发票资格认定的流程

审核分为两部分，即案头审核和实地调查。

案头审核主要是查阅公司提交的《纳税人领购发票票种核定申请表》和其税务登记信息、营业执照信息是否一致，尤其是票种资格。

实地调查指税务机构人员实地考察公司的实际运营状况，其提供什么产品、服务等，核实与申请表上的票种信息是否一致，同时也考察该公司是否有开具发票、保管发票的能力。

审核阶段的时间长短与提交资料是否完整、填写内容是否准确、手续是否完备等有关，但通常不会超过 20 个工作日。

审核通过后，公司领取《发票领购簿》，即可领购发票。

2. 领购发票

公司领取《发票领购簿》后，可向主管税务机关领取领购簿中所核准的票种，发票数量及购买方法均以《发票领购簿》记载为准。有的主管税务机关可能会收取一定的发票费用，但费用很低。

领购发票的流程如图 2-15 所示。

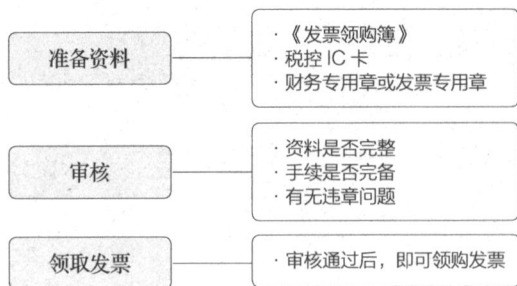

图 2-15　领购发票的流程

2.5.3　三证合一对税务的影响

为了方便创业者创业，更契合"大众创业、万众创新"的新形势，简化注册程序，根据有关规定，全国范围内实行"三证合一"，即将原先的工商营业执照、组织机构代码证和税务登记证三证合并为一证，化繁为简，降低行政成本，提高市场准入效率，降低交易成本，提高创业活力。

三证合一后，企业办理涉税事务时，信息采集完成后，可使用加载统一社会信用代码的营业执照来代替税务登记证。

工商总局已经采集过的信息，税务机关不再重复采集，至于其他和税务相关的信息，可以在企业办理涉税事务的时候再进行采集。由此可见，这种方式不仅免除了创业者的来回奔波之苦，也降低了税务工作人员的工作量。

2.6　网上注册：注册公司不再来回折腾

互联网给人们的工作和生活带来了极大的便利，如今已有越来越多的行政部门开设了网站，提高了行政效率。过去开办公司，创业者需要在各个部门间来回跑，提交资料，而现在只需登录相应网站，足不出户就可注册公司。

这里以北京市为例，展示网上注册公司应遵循的流程。

①登录 http://gsj.beijing.gov.cn（北京市工商局新网址，原网站已经与北京市人民政府统一政务网站合并），在页面左侧单击"企业登记"，如图 2-16 所示。

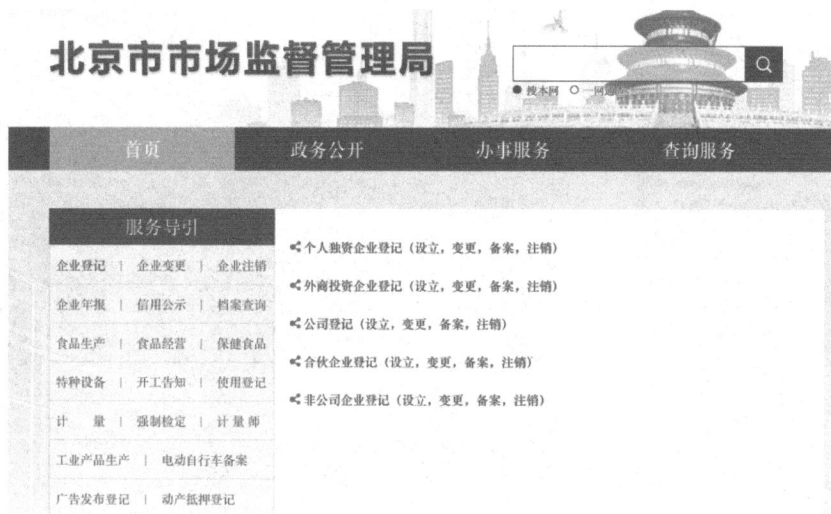

图 2-16　北京市市场监督管理局网页

选择所要登记的企业类型后，单击进入下个页面，单击"网上办理"，页面如图 2-17 所示。

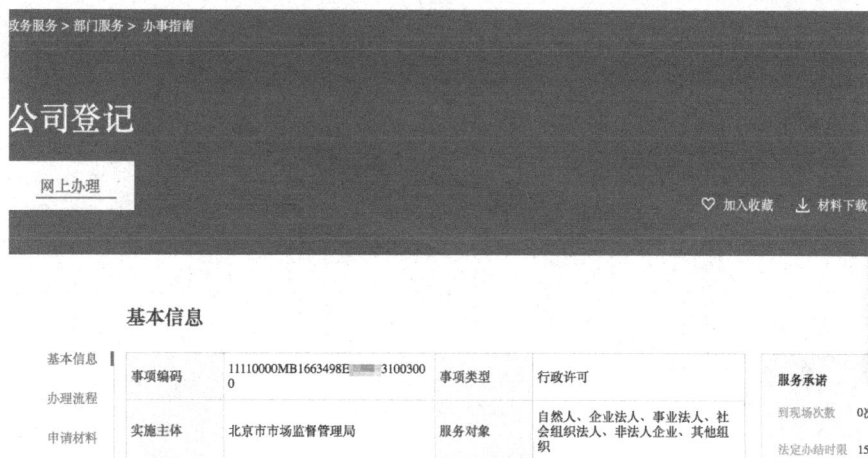

图 2-17　公司登记页面

②单击个人用户界面左下角的"企业登记"，然后单击"名称登记"，页面

右侧会出现"名称预先登记申请"，单击进入，如图 2-18 所示。

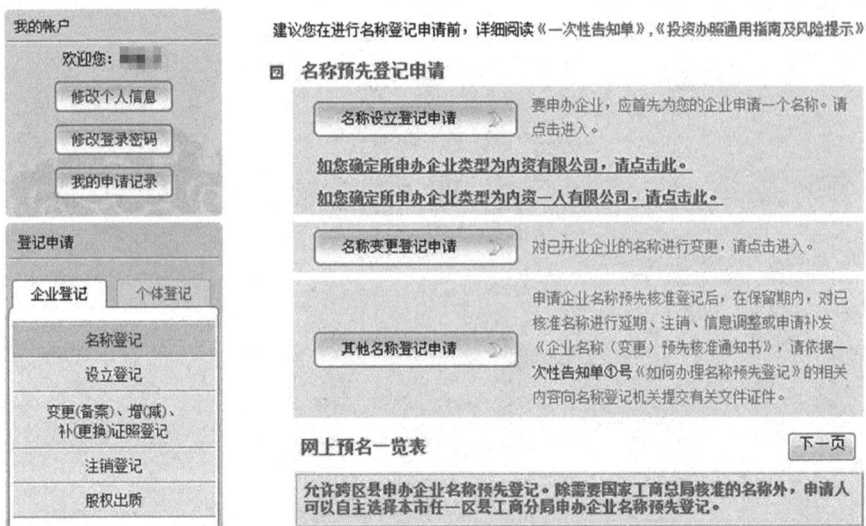

图 2-18　网上注册公司步骤图 1

该网页从名称结构解析公司名称，便于申请人了解应该如何为公司取名，并给出了案例，如图 2-19 所示。申请人可以模仿案例，填写拟定的企业名称，并选择主营业务代码。

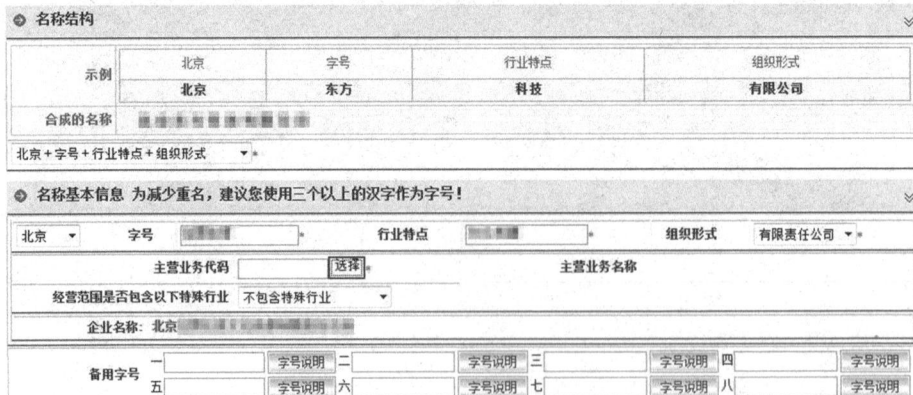

图 2-19　网上注册公司步骤图 2

根据企业的主营业务类型选择行业代码，如图 2-20 所示。

72	商务服务业	详细信息
73	研究和试验发展	详细信息
74	专业技术服务业	详细信息
75	科技推广和应用服务业	详细信息
76	水利管理业	详细信息
77	生态保护和环境治理业	详细信息
78	公共设施管理业	详细信息
79	居民服务业	详细信息
80	机动车、电子产品和日用产品修理业	详细信息
81	其他服务业	详细信息
82	教育	详细信息
83	卫生	详细信息
84	社会工作	详细信息
85	新闻和出版业	详细信息
86	广播、电视、电影和影视录音制作业	详细信息

选择	行业代码	行业代码名称	行业代码描述
○	8510	新闻业	
○	8521	图书出版	
○	8522	报纸出版	
○	8523	期刊出版	
○	8524	音像制品出版	
○	8525	电子出版物出版	
○	8529	其他出版业	

图 2-20　网上注册公司步骤图 3

为了防止重名，申请人可填写备用字号，如图 2-21 所示，这也是要多准备几个公司名称的原因。填完后，继续填写股东信息。

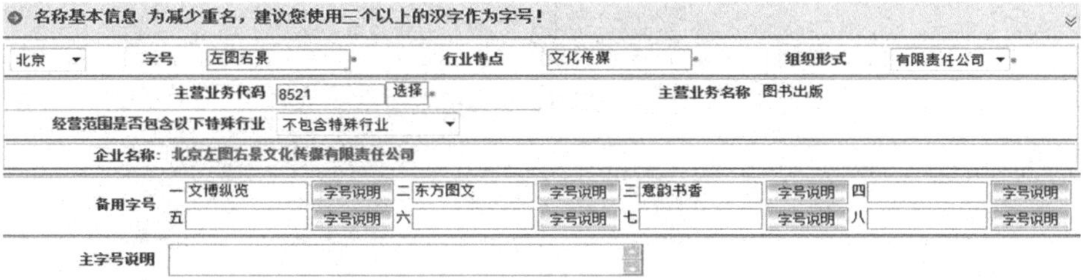
名称基本信息 为减少重名，建议您使用三个以上的汉字作为字号！

北京 | 字号 左图右景 | 行业特点 文化传媒 | 组织形式 有限责任公司

主营业务代码 8521 选择 | 主营业务名称 图书出版

经营范围是否包含以下特殊行业 不包含特殊行业

企业名称：北京左图右景文化传媒有限责任公司

备用字号 一 文博纵览 字号说明 二 东方图文 字号说明 三 意韵书香 字号说明 四 字号说明 五 字号说明 六 字号说明 七 字号说明 八 字号说明

主字号说明

图 2-21　网上注册公司步骤图 4

③填写企业的注册资本、拟申请名称核准的机关、出资方信息，其中出资方信息可分为“只有自然人股东”“只有单位股东”“既有自然人股东又有单位股东”3 种，根据实际情况选择即可，如图 2-22 所示。

图 2-22　网上注册公司步骤图 5

按要求填写信息，如果企业是多个股东，则单击"填写下一个股东"，股东都添加完毕后，单击"填写完毕"，如图 2-23 所示。仔细核对信息，如果信息存在错误，可单击"修改"，重新录入信息，确认无误后，单击"下一步"，如图 2-24 所示。

图 2-23　网上注册公司步骤图 6

图 2-24　网上注册公司步骤图 7

④仔细核查经办人的个人信息，确认无误后，选择授权信息。这里选择"如申请的企业名称未能核准，授权修改、增加或减少企业名称字词表述。"，单击"下一步"，如图 2-25 所示。

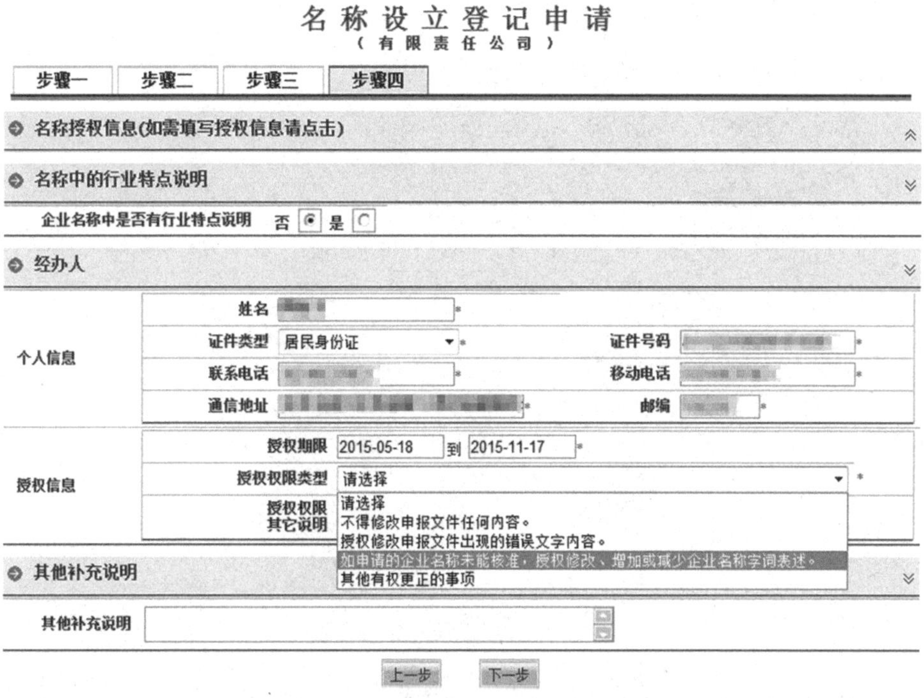

图 2-25　网上注册公司步骤图 8

⑤查看名称设立登记申请信息是否有误，确认无误后单击"提交"，如图 2-26 所示。提交后，返回个人用户主页。

图 2-26　网上注册公司步骤图 9

⑥成功提交"名称设立登记申请"，个人用户主页会显示"您已成功提交了登记申请！"，如图 2-27 所示。接下来申请人需要等待进一步的审核。申请人可随时关注网站信息，如果审核未通过，则按照要求进行修改。

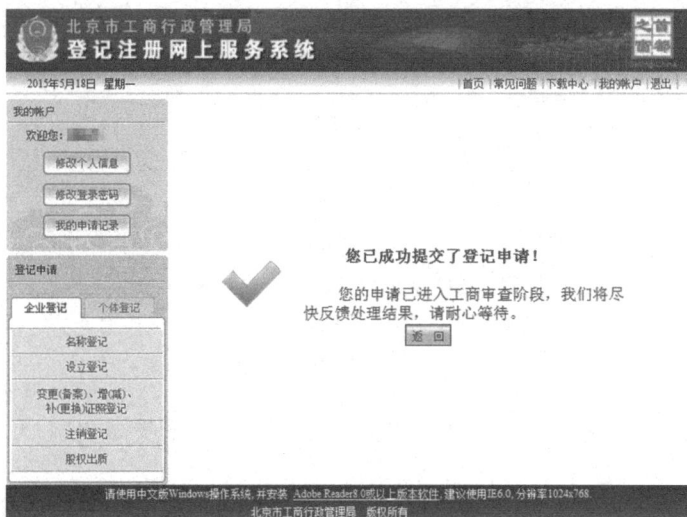

图 2-27　网上注册公司步骤图 10

⑦"名称登记"成功后，即可进行"设立登记"，如图 2-28 所示，其流程和"名称登记"相似。

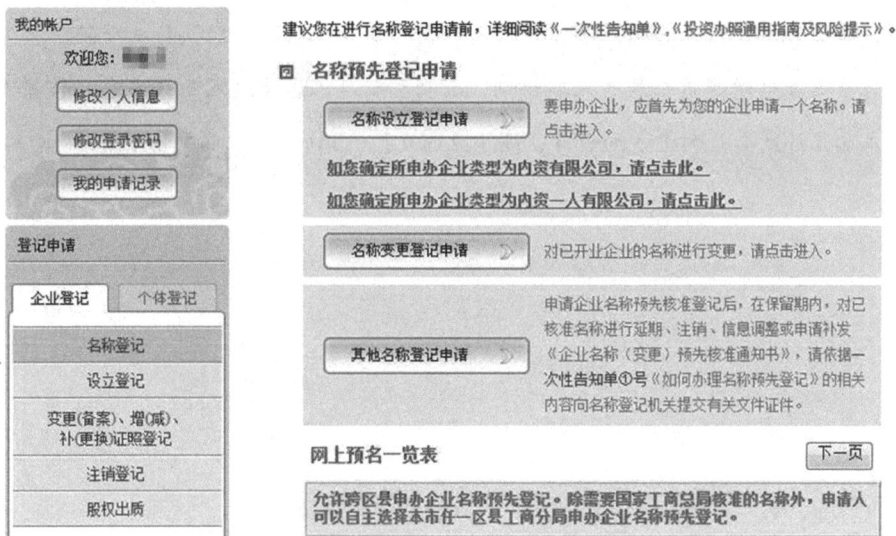

图 2-28　网上注册公司步骤图 11

第 3 章

招人用人管人：
人才是公司的发展之源

新员工来到企业，都希望能在最短的时间内对公司和自己的工作有更多的了解，希望能尽快融入公司。员工刚进入公司，会谨慎行事，隐藏行为习惯，如果此时公司能够对新员工展开入职培训，有利于新员工迅速进入工作角色，掌握干好本职工作所需要的方法和程序，逐步胜任自己的工作。

3.1 人才招聘：找得到还得留得住

人事管理在企业管理中占据非常重要的地位，可以说企业的兴衰成败，在很大程度上取决于人事管理，即如何招聘人才、任用人才，使优秀人才脱颖而出，达到人尽其才的效果。

比尔·盖茨曾讲过："假如将我们最优秀的 20 名员工都挖走，那么微软将迅速成为一个无足轻重的公司。"

商业竞争说到底是人才的竞争，人才是企业的发展之源。没有人才，企业这艘大船就无法在商海中航行，因此人才招聘至关重要。在某种意义上，人才招聘是影响企业经营活动状况的重要因素。

不过招聘却是最容易被企业忽视的一个环节，更不要说涉及招聘的细节，这导致一部分企业很难招到员工，即使招到，这些员工也与企业的需求不符。甚至有些企业的招聘流程一塌糊涂，极大地增加了人才招聘的难度。

一般来说，招聘是指从招聘渠道招聘员工，到员工经过试用期并考核合格，然后成为正式员工的过程，其流程如图 3-1 所示。

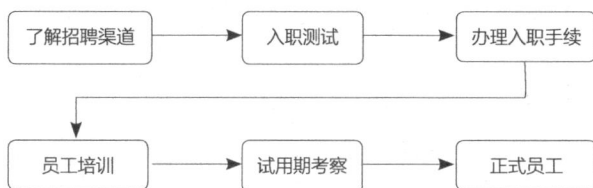

图 3-1 企业招聘员工的流程

3.1.1 招聘渠道，该从哪里招聘员工

有人则企，无人则止。任何一家公司要想快速发展，都离不开人才。

招聘是公司获取人力资源的常用方法，任何一家公司都有招聘活动。必须承认，创始人最重要的工作之一就是招聘员工。好员工难寻，已是管理人员的普遍认知。鉴于招聘工作具有普遍性和广泛性的特点，公司要想在茫茫人海中找到所需的员工并不容易，而且不同的招聘方式呈现的效果也是不一样的。但有一点可以肯定，要想招聘到合适的员工，首先得选择合适的招聘渠道。招聘渠道对招聘效果有直接的影响。

那么公司招聘人才有哪些常用的渠道呢？

1. 现场招聘

现场招聘指公司和人才在第三方提供的场地，进行面对面沟通，完成招聘面试。现场招聘一般分为招聘会和人才市场两种方式。

招聘会通常由政府或人才介绍机构发起，相比其他方式更正规，而且招聘会大多有特定主题，如"应届毕业生招聘专场""互联网人才招聘现场""技术员招聘"等。招聘会的优势在于发起者通常会对应聘者的资料进行审核，因而公司能够节省大量时间；当然这种方式也存在局限性，若企业需要多种人才，则需参加多个招聘会，这提高了招聘成本。

人才市场的地点通常是固定的、时间通常是长期的；招聘会则是在短时间内将人才集中起来。如果公司某岗位需长期招聘人员，则可以选择人才市场这一渠道。

2. 传统媒体广告

在报纸杂志、电视和电台等媒体上刊登、播放招聘信息，受众广、收效快、过程简单，一般会收到较多的应聘资料，同时也起了一定的宣传企业的作用。通过这一渠道应聘的人员分布广泛，但高级人才很少采用这种求职方式，所以招聘公司中基层职位的员工时比较适用于这种方式。同时，该渠道的效果同样会受到广告媒体的影响力、覆盖面、时效性的影响。

3. 校园招聘

校园招聘是现在许多企业会采用的一种招聘渠道，企业到学校张贴海报，召开宣讲会，吸引即将毕业的学生前来应聘。对部分优秀的学生，可以由学校推荐；对一些较为特殊的职位也可通过学校委托培养后，企业直接录用相关专业的学生。

通过校园招聘而来的学生可塑性较强，干劲充足。但是这些学生没有实际工作经验，需要进行一定的培训才能真正开始工作，而且不少学生由于刚步入社会对自己的定位还不清楚，所以其工作的流动性也较强。

4. 员工推荐

员工推荐其亲戚朋友来应聘企业职位，这种招聘方式最大的优点是企业和应聘者双方掌握的信息较为对称。介绍人会向企业介绍应聘者的真实情况，节省了企业对应聘者进行真实性考察的时间，同时应聘者也可以通过介绍人了解企业各方面的内部情况，从而做出理性选择。已经有许多企业采用这种招聘方式，如高露洁公司就鼓励员工推荐人才并设置了激励手段，如果应聘者被录取，介绍人将会得到一定的奖金。但企业采用该渠道进行招聘时也应注意一些负面影响：一些企业内部员工或中高层领导为了形成个人在企业的势力，在企业重要岗位安排自己的亲信，形成小团体，这无疑会给企业带来负面影响。

5. 人才租赁

人才租赁是我国近年来出现的一种派生的人才服务项目，它是指用人单位根据实际工作需要，向人才中介组织提出所需人才的标准条件和工资、福利待遇，人才中介组织通过查询自己的人才库、社会招聘等方式搜索符合条件的人才，经严格挑选，把人才派往用人单位工作的服务方式。

一般来说，人才租赁的主要形式有两种：一种是按一定时限租赁人才，另一种是以完成某个工作项目为目的租赁人才。

人才租赁实行管人与用人分离，租赁单位与所租人才不发生人事隶属关系，由专门机构对各类人才实行社会化、集约化管理，使用人单位摆脱具体、琐碎的人事管理事务，集中精力于生产经营的主业，从而有效地减轻用人单位的管理负担。

另外，可在企业门前或其他人流量较大的地方，张贴海报或竖立招聘广告牌，当行人看到与自身条件相吻合的招聘岗位后，会主动应聘。但这种方式有损企业形象且无法吸引高端人才。

不同的招聘渠道所获得的招聘效果是不一样的，因此公司应根据自身的实际情况，包括规模、紧迫性、岗位等来选择招聘渠道，而不应过于依赖或盲目相信某种招聘渠道，要懂得灵活变通，积极使用各种招聘渠道来解决招聘难题。

对初创企业来说，由于自身规模、财力等的限制，应首先招聘公司最急需的员工，这些员工可能具有技术或管理上的优势，可以通过专门的招聘会招聘。而对于其他中低层次的人才，则可以考虑成本较低的网络招聘或校园招聘。

总而言之，没有一家公司可以只依赖单一的招聘渠道和一成不变的招聘方式招聘到合适的人才，唯有适合企业实际情况、符合岗位需求的招聘渠道才是最好的。

3.1.2 入职测试，行家一出手，就知有没有

公司通过招聘渠道招揽了一些人才前来应聘，那么，怎么才能知道这些人才是否符合公司岗位的需求，能否胜任工作呢？

事实上，除了一些经验丰富的 HR 能直接看出人员是否符合公司的岗位需求外，一般的 HR 都要通过一番测试才能确认。

入职测试指公司对前来应聘的人员进行测试，包括测试应聘人员的性格、专业素养、综合素质、技能水平、合作精神、工作态度等。入职测试是公司考察应聘人员是否符合岗位需求的重要方式，也是对应聘人员的素质和能力进行评价的有效手段。

入职测试要有章法，否则无法起到应有的作用。在多年的摸索中，人们总结了几种入职测试的方法，如图 3-2 所示。

图 3-2 入职测试的方法

①品格性格测试，可以帮助公司了解应聘者的品质性格，有些工作对员工的性格要求很高。

②职业技能测试，主要测试应聘者是否具有相应的职业技能，是否能胜任岗位等。目前大多数公司对应聘者的测试主要集中在职业技能测试方面，毕竟这是决定应聘者能否成为公司员工的基础要求。

③能力测试，主要测试应聘者的分析能力、团队协作能力、认知能力、创新意识等，这是对职业技能测试的一个补充。

④情境测试，测试应聘者在虚拟情境中的反应，可以以此来推测其在真实环境中的表现，不过这种测试方法现在已经很少用了。

总之，入职测试除了考察岗位所要求的必备条件外，还要考察其他多个方面，然后要将多个不同测试的结果统一起来，并对此进行分析和评价，这就要求公司的 HR 具有丰富的经验并了解各项测试对公司、对岗位的意义。

进行入职测试时应提供足够的空间，避免多个应聘者挤在一块，影响心情。另外，还要保持环境安静、不受干扰。如果测试内容很多，不同的测试间应安排休息时间。总之，要保证应聘者能够发挥出自己的正常水平。

入职测试题的设置要切合岗位需求、公司需求等，但又不能过于苛刻，中等难度即可。可以由经验丰富的员工出题，从整体把握入职测试题的难度。应聘者的答题时间不能过长，这就要求试题要有取舍、尽量简洁、紧扣要点。

当然公司也可以从网上下载一些试题，还可以请专人出入职测试题，具体视公司情况而定。

3.1.3 入职手续，一览需提交的资料

入职测试后，合格的应聘者即被聘为公司员工。那么，新员工该如何办理入职手续呢？通常来说，新员工办理入职手续的流程如图 3-3 所示。

填写《员工登记表》	· 根据需要提供相应的资料，如学位证书等
签订《岗位职责说明书》	· 明确岗位职责 · 应详细标出岗位具体的职责
签订劳动合同	· 保障双方利益 · 有些岗位需要签署保密协议
建立员工档案	· 发放出入证、员工证、工作服、《员工手册》等
考勤设置	· 如指纹考勤机，需录入员工的指纹 · 其他考勤方式
部门安排	· 确认所属的部门及员工工位 · 由专人为其介绍公司的情况、部门情况及岗位情况
公司内部通报	· 介绍员工的情况 · 更新员工通讯录
入职培训	· 主要指职能专业技术培训 · 相应的规章制度培训
转正评估	· 考核员工在试用期的表现 · 人事部门根据情况安排转正评估
入职结束，正式员工	· 试用期考核通过，成为公司的正式员工

图 3-3　入职手续办理流程

①填写《员工登记表》，提交资料。

·免冠照片数张。

·身份证原件及复印件。

·学位证书和资格证书原件。

·与原单位解除或终止劳动合同的证明。

②签订《岗位职责说明书》，明确岗位职责。签订劳动合同，有些单位或岗位可能要求签署保密协议。

③建立员工档案、考勤设置（如指纹打卡机需录入指纹）。

④部门安排，将新员工介绍给公司其他员工，确认其所属的部门和工位，然后由专人（通常是部门领导或同部门的同事）带领员工参观公司，为其介绍公司情况，使其熟悉公司的整体环境。

⑤部门同事帮助其熟悉环境，由专人提供指导，为其介绍岗位和工作流程，提供工作物品，如工具箱、办公计算机等。

⑥有时需要入职培训，主要目的是让员工更快地融入公司。

⑦一般来说，新员工从入职之日起，就已处于试用期。试用期结束后，公司对新员工进行转正评估。考核通过的员工成为公司的正式员工，至此入职工作结束。

3.1.4　入职培训，做好上岗前的准备

入职培训指企业向新入职的员工介绍企业情况和企业文化、基本工作流程、组织结构等，主要是宣传企业文化，帮助新员工了解企业，增强新员工对企业的认同感。在这个过程中，新员工可以快速适应公司环境，进入工作角色。

新员工来到企业，都希望能在最短的时间内对公司有更多的了解，多了解自己的工作，希望能尽快融入公司。员工刚进入公司，会谨慎行事，隐藏行为习惯，如果此时公司能够对新员工展开入职培训，对企业文化建设很有帮助。而企业文

化是公司培育竞争力的重要砝码之一。

企业的文化主要包括规章制度、优秀员工事迹等，但文化和新员工之间存在传递障碍。这种障碍体现在与企业文化相背离的员工行为、新员工固有的行为习惯等。因此入职培训成了传递企业文化的最佳途径。

另外，在培训过程中，新员工初到企业的压力和焦虑会得到缓解，能缩短其熟悉业务的时间，帮助其适应工作并培养积极的工作态度。学习企业文化，可以降低员工入职成本和员工流动率。因此入职培训可以实现企业与员工的双赢。

因此，入职培训被企业广泛采用，不同企业的培训重点不同，但通常都包含图 3-4 所示的内容。

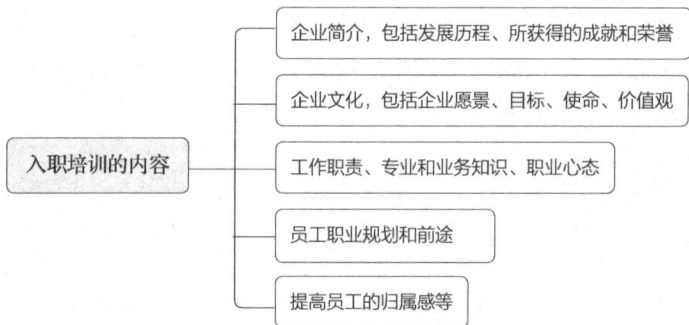

图 3-4　入职培训的内容

除了入职培训的内容外，入职培训的形式也会对培训效果造成影响，尤其是进入互联网时代后，培训形式更是多种多样、与时俱进。但从整体来说，这些形式可以分为两大类：传统型培训形式和新型培训形式。这两类培训形式包含的具体内容如图 3-5 所示。

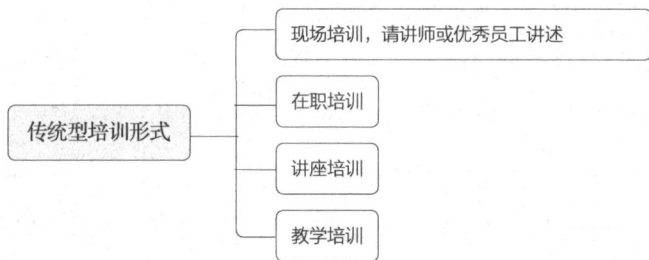

图 3-5　传统型培训形式和新型培训形式

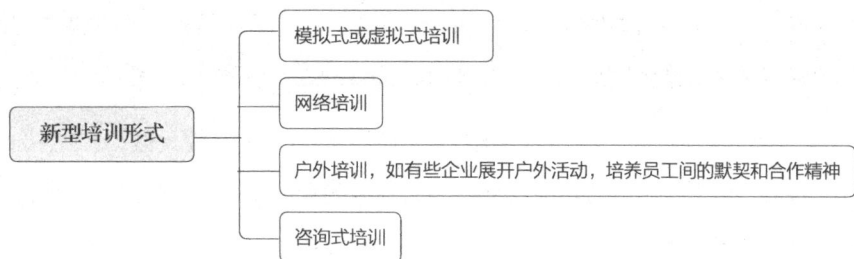

图 3-5 传统型培训形式和新型培训形式（续）

其实，不管是传统型培训形式还是新型培训形式，都各有其利弊。企业应根据实际情况来选择培训形式，如企业所拥有的资源、行业特质、培训对象、哪种讲述方式方便等。培训形式没有最好的，只有最符合企业需求的。

经过有效的培训后，新员工会对企业有较为深刻的了解，包括企业的现状、前景、工作岗位、自身前途等，会建立起对企业的认同感，并且快速适应工作角色、缩短熟悉工作的时间。不过在入职培训实践中，有些企业却总是出现各种问题，培训效果也很差。

为何有些企业投入了大量的人力、物力资源进行入职培训，最终效果却不尽如人意？原因通常是缺少入职培训评估。

如果入职培训没有评估，没有考核和淘汰机制，那么在培训过程中，由于没有学习压力，新员工会随便听听，不会重视培训内容。因此，即使是入职培训也应有评估体系，要分阶段考核，每完成一项培训内容就进行评估；应设置淘汰机制，评估未过关者，要再次进行培训，多次未通过评估者，可以考虑淘汰；评估方式要灵活，不要模式化。

3.2 绩效考核：企业管理的有效方式

绩效考核最初源于英国的文官制度，在当时的英国，文官晋职主要靠资历，不管工作做得怎样，只要有资历，就可以升职，这种方式导致文官工作效率低下。

为了改善这一状况，英国进行了文官制度改革，实行注重工作业绩、看才能的考核，根据考核结果来实施奖励或惩罚。改革后，文官的工作效率大幅提升。

以工作考核为依据论功行赏的模式是提高工作效率的有效手段，因此其他国家纷纷效仿。后来这种方式也被企业模仿，并成为企业绩效管理的重要组成部分，成为企业管理最有效的方式之一。

绩效考核指企业按照某种标准和指标，对企业各个岗位进行科学的定性和定量要求，将工作量化，以考核员工的工作表现和工作成果，并将考核结果作为评价员工的一个要素，用来引导员工朝着更好的方向努力工作。

其优势在于促进员工达成目标、发现问题、合理分配利益、激励员工主动自发地工作、加快员工成才的速度等，通过促进个体效率和能力的提高，来提高公司的效率，从而实现公司的发展目标。

不同的绩效考核方式对员工的影响是不同的。常见的绩效考核方式如图 3-6 所示。

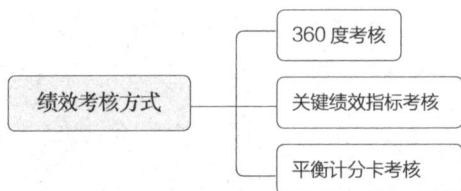

图 3-6　绩效考核方式

企业应充分发挥绩效考核的作用，促进员工和企业共同成长。但绩效考核是一项复杂的工作，尤其是绩效考核指标的设定、绩效考核方式的选择等，都会影响最终的考核结果。

3.2.1　绩效考核的一般流程

绩效考核是绩效管理的重要内容。一般而言，企业的绩效考核都要经历从无到有的创立过程，并且涉及上到董事层、下到基层的所有员工，事关重大，因此绩效考核要谨慎施行，严格遵守流程，要有详细的岗位职责描述。

岗位职责描述在绩效考核中具有方向性的作用，是绩效考核的重要依据。不管是什么类型的绩效考核都是以岗位职责为基础的，因此岗位职责描述应越详细越好。管理人员的职责、业务人员的职责、办公人员的职责等描述得越详细，员工就越了解岗位的职责，越清楚从哪儿开始工作，并如何改进工作等。

绩效考核以岗位职责为基础。有的绩效考核方式直接将职责作为考核标准，这种方式符合考核的本质需求，但易造成考核结果模糊。如"某员工完成了策划工作""完成了某促销工作"等，没有定量，很难对工作效果进行评估，因而需要将工作量化，规定数量和质量、用时标准，据此考核，结果才会较为明确可信。不过在量化时，不可能细致到每个岗位，只能将岗位进行分类，然后从中找出关联点，并以此拟定考核指标。这种方式具有一定的科学性和准确性，但较易模式化。

将考核内容进行分类，尽量做到公平、公正，这样既能测量出员工的真实工作能力和对企业的贡献价值，又具有一定的灵活性，能够激发员工的潜力。

考核不能只偏重某一方面，而要涉及方方面面，工作质量、工作效率、工作态度（是否积极、爱岗敬业、团队精神、合作意识等）、出勤情况等内容都应涵盖在考核内容里。

将考核内容细化，按照某种标准划分具体的档次，每个档次对应一个考核要点和分数。每个档次要有详细的说明，最好用文字的方式进行描述。比如，工作技能中的"经常提出建设性的建议，促进工作改善"这一档次，相比"偶尔有建议，改进工作方法""很少有改善建议，但能顺利完成任务""无改善工作建议，但勉强能完成工作"等档次更为重要和突出，并且应用具体事例予以说明。

由于考核结果通常与收益挂钩，会对员工的收入产生影响，所以考核结果对员工来说很重要，但有时会因为某种原因导致考核结果并不准确，或者是员工对考核结果有异议，那么员工需要通过申诉通道提出申诉。人力资源部相关人员接受并处理员工的申诉，在不同的场合询问相关人员，确保所了解信息的真实性，确保员工的合法权益，维持企业绩效考核的公平、公正，因此要设置申诉通道。

总结一下，绩效考核的流程如图 3-7 所示。

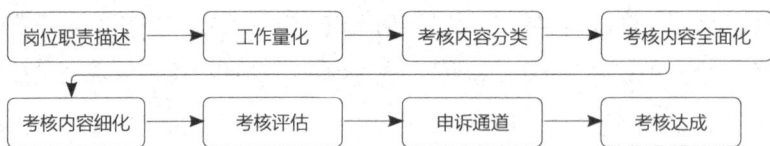

图 3-7　绩效考核的流程

"如果您能够量化和衡量，那么您就可以管理。"这句话表明企业要想做好管理，就要将工作量化。

将企业作为一个整体，然后进行分解，逐步细化，将工作量化，使之有一个统一的考核标准，做到公平、公正。在绩效考核时应注意从上而下，也就是说企业的管理层要以身作则，要遵守绩效考核的要求和规定，不能将绩效考核的范围局限于普通员工，否则绩效考核就失去了作用，无法在企业内部形成考核文化。

3.2.2　绩效考核的常用方法

为了提升个人、部门、组织等的绩效，企业需要进行绩效考核，但不同的绩效考核方法所带来的考核效果是不一样的。

在多年的商业经济活动中，我们摸索出了很多实用的绩效考核方法。从整体上，我们将其分为四大类：结果导向型绩效考核方法、行为导向型绩效考核方法、特质性绩效考核方法和其他绩效考核方法，如图 3-8 所示。

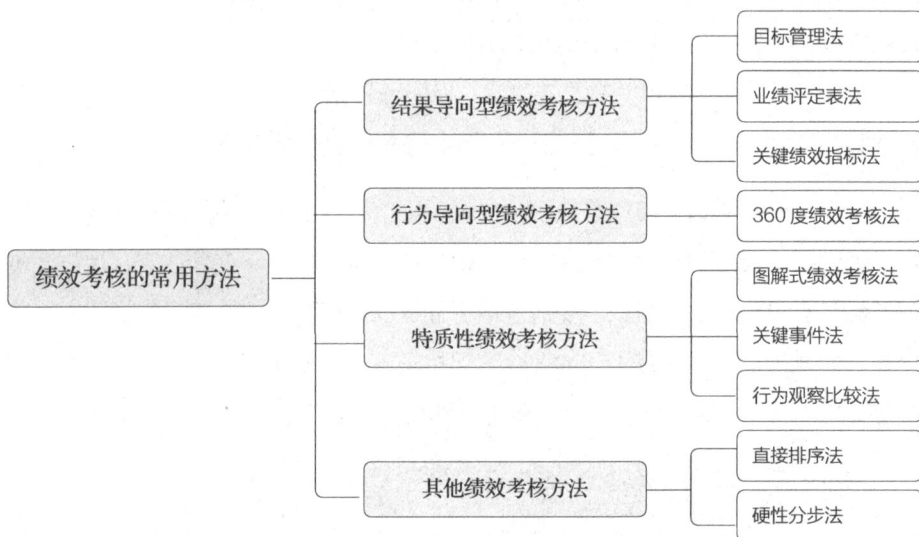

图 3-8　绩效考核的常用方法

1. 结果导向型绩效考核方法

结果导向型绩效考核方法是以员工的业绩或工作成果作为考核对象的方法。这种方法将工作成果按照完成时间、完成质量等分为几个标准，然后将员工完成工作的时间、质量等与标准进行对比，即可得出员工的绩效考核结果。这种方法极易确定考核标准，操作性强。

此类考核注重的是员工对企业的贡献或价值，并不关注员工完成工作的行为和工作过程，即以结果为导向。

这里以目标管理法为例进行讲解。目标管理法是最契合现代管理思想的方法，能实现领导和员工的互动，由领导和员工共同商议制定个人目标。

当然，个人目标应以企业的战略目标和部门的目标为基础来制定，从而将员工的个人努力和企业的目标结合起来，减少员工在琐事上耗费的时间，或者及时纠正员工偏离目标的行为。

目标管理法的考核流程如图 3-9 所示。

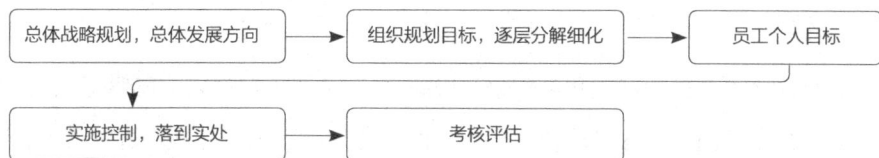

图 3-9 目标管理法的考核流程

其具体流程是先由企业管理层制定总体的战略规划，明确企业的发展方向，然后将战略规划进行分解细化，直至员工个人目标的确立，接下来就是实施控制，监督员工个人目标的实施进度，将整体目标和员工个人目标进行对比，并以此来指导员工，提醒员工目标进度。员工的个人目标完成后，即可进行考核评估。

在这个过程中，目标数量不能过多，且应尽量量化。领导应该与员工共同商议，制定详细的个人目标，个人目标应包括时间框架和详细的实现步骤。

目标管理法是结果导向型绩效考核方法中使用最广泛的一种，这种方式虽很有优势，但也有劣势，它无法作为员工日后晋升的依据。其优势与劣势如图 3-10 所示。

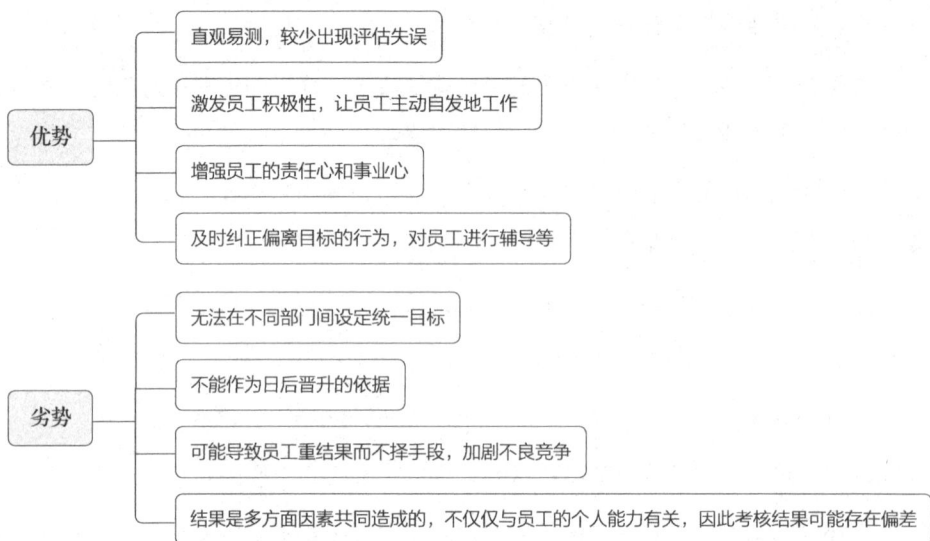

图 3-10　目标管理法的优势和劣势

2. 行为导向型绩效考核方法

此类考核以员工的工作过程为考核对象，考核员工的工作方式、工作行为，关注重点在于员工做了什么工作，用了什么方式，如何完成工作。

因此，此类考核的标准较易确定，操作性强。此类考核常用于管理型、服务型工作，如星级酒店的服务员，其行为（如笑容是否和蔼、态度是否友善等）对客户、对酒店的影响都很大。

这里以 360 度绩效考核法为例进行讲解。360 度绩效考核法是近来颇受欢迎的一种绩效评估方法，它是指在企业中，通过全面熟悉被评估人，包括让同事、顾客、其他与之相熟的人员对其进行评价，然后综合分析并判断这些评价，最终得出评估结果。

360 度绩效考核法的考核流程如图 3-11 所示。

| 发起 | 可由员工或公司管理层发起 |

| 落实评估人员 | 员工与管理层确定评估人员
将 360 度绩效考核表发给相关人员 |

| 考核评估 | 评估人员填写 360 度绩效考核表
评估标准要统一，并且要有专人监督 |

| 综合资料 | 考核人员将资料收集起来 |

| 告知考核对象结果 | 考核人员将结果告知考核对象 |

| 综合评估，制定计划 | 对评估进行 360 度总结，并制定下一步的计划 |

| 实施 | 员工按照考核标准行事，纠正以前偏离标准的行为
提升员工能力，促进员工绩效改进 |

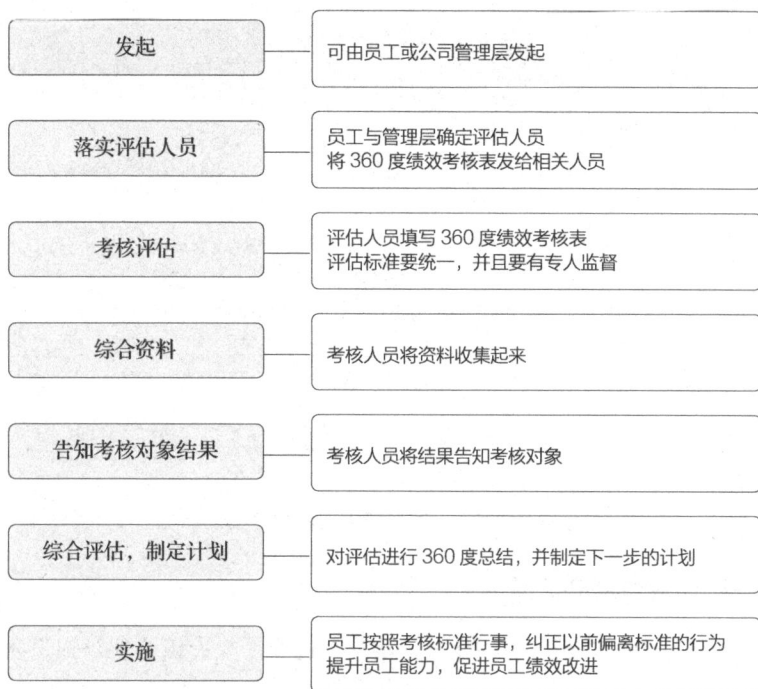

图 3-11　360 度绩效考核法的考核流程

在评估过程中，评估人员应严格按照考核标准进行评估，不能徇私，不能抱怨，要尽量以事实为依据，这样考核结果才能更准确。

然后就考核结果与员工商讨并制定计划，计划要切合实际，这对于提升员工的能力是很有帮助的。

360 度绩效考核法看似简单，其实综合了心理学、社会学、组织行为学、人力资源管理学等多学科的知识和技术，能立体地考核员工为企业做出的贡献和创造的价值，比较贴近事实。

当然，任何一种考核方法都有两面性，360 度绩效考核法既有优势又有劣势，如图 3-12 所示。

优势	评价信息较为全面、公正、客观、可靠、准确
	能帮助员工意识到自己的不足之处并加以改善
	可广泛应用在薪酬管理、升职、奖励、个人职业发展等管理实践中
劣势	实施成本高，涉及人员多，收集和处理的信息量较大
	有时需要对评估人员进行专门指导，帮助他们公平、公正地做出评估
	由于每个人所处的位置、角度等不同，可能导致评价结果产生冲突
	将评价和个人职场发展结合起来是个难题

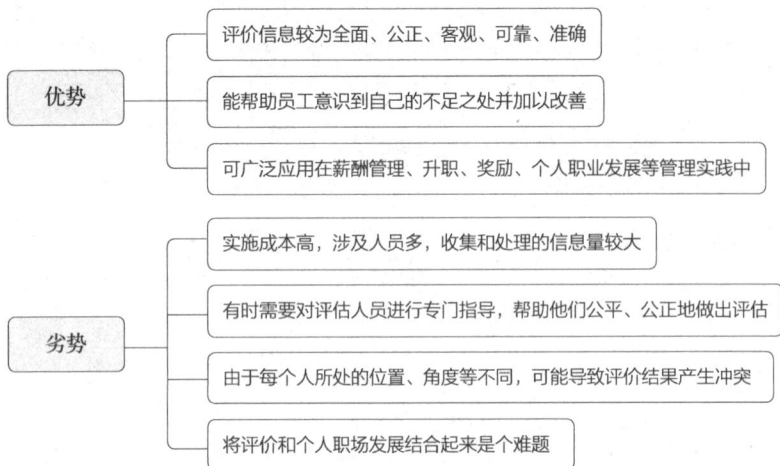

图 3-12　360 度绩效考核法的优势和劣势

3. 特质性绩效考核方法

除了上面两种较普遍适用的考核方法外，还有一类有以心理学知识为基础的考核方法，即特质性绩效考核方法。

这里以图解式绩效考核方法为例进行讲解。图解式绩效考核方法指列举许多完成任务需要的特质（如工作动机、适应性等），将其绘制在一个表格中，然后按照某种标准赋予这些特质一定的分数，如 5 分、4 分、3 分、2 分、1 分 5 个等级，评估人员根据被评估者的表现进行评估。图解式绩效考核方法的优势和劣势如图 3-13 所示。

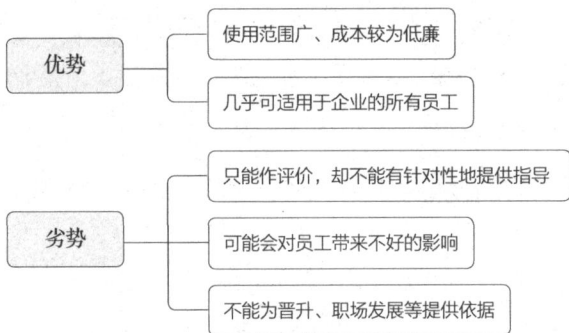

优势	使用范围广、成本较为低廉
	几乎可适用于企业的所有员工
劣势	只能作评价，却不能有针对性地提供指导
	可能会对员工带来不好的影响
	不能为晋升、职场发展等提供依据

图 3-13　图解式绩效考核方法的优势和劣势

4. 其他绩效考核方法

绩效考核方法很多，如直接排序法、硬性分布法等。

这里以硬性分布法为例进行介绍。硬性分布法指"强制正态分布法"，它将考核评价按照某种标准分为几个等级，并确定各等级在总分中所占的百分比，然后按考核对象的表现进行打分归纳的考核法。

硬性分布法的考核流程如图 3-14 所示。

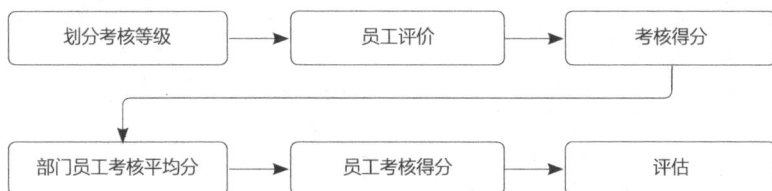

图 3-14　硬性分布法的考核流程

硬性分步法的优势和劣势如图 3-15 所示。

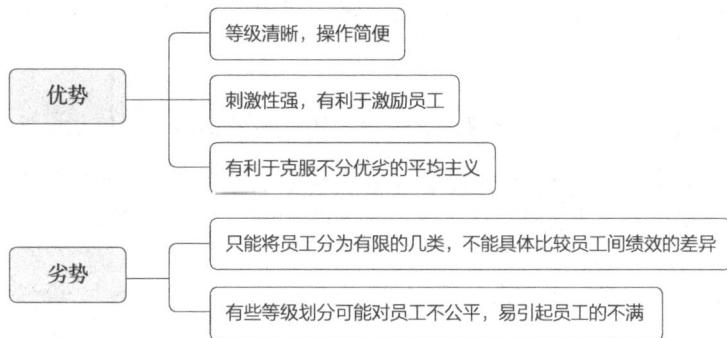

图 3-15　硬性分步法的优势和劣势

3.2.3　绩效考核的细节攻略

随着市场竞争的加剧，企业开始朝着精细化方向发展，细分市场、细分产品和服务，绩效管理也趋于精细化。

企业通过掌控绩效管理的实施过程使绩效管理走在正轨中。如果绩效管理的组织实施效果不好，最终的绩效结果会受到直接影响。

绩效考核中的一些细节甚至会对绩效结果起到决定作用。因此企业必须注重绩效考核的细节，采用科学、规范的管理方式，引导员工做出符合企业战略目标的行为，最终达到员工个人业绩和企业业绩双赢的目标。

我们从绩效考核的设计、绩效考核的原则、绩效考核的面谈技巧、减少绩效考核的误差 4 个角度来讲述绩效考核中应注意的细节，如图 3-16 所示。

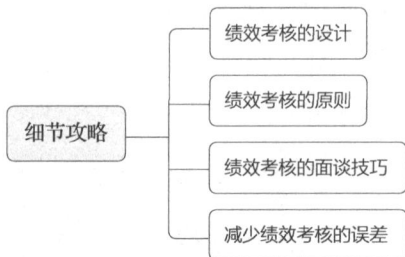

图 3-16　绩效考核中应注意的细节

1. 绩效考核的设计

设计绩效考核时要考虑到 3 个问题：考核什么？考核对象是谁？怎么考核？这 3 个问题解决了，设计的难题就解决了。

考核什么？这一问题指从哪些方面对员工进行考核以及考核的标准是什么。不同的工作，其考核标准是不同的。制定考核标准首先要弄清岗位职责，掌握详细的岗位信息。

其次，要与岗位相关的人员积极沟通，找出岗位职责的重点，而岗位职责的重点就是考核的要点。比如，对行政人员来说，其工作处理速度、应变能力就是考核的重点；而对研发人员来说，其考核重点是研发产品的进度、产品是否有创新性等。

然后将这些重点划分比例，计算每一重点在整个考核中所占的比例。将重点细化，每个重点都可以划分几个层次，每个层次都应有评价标准和相应的分数。最后将其汇总，绩效考核就有了雏形。

考核对象是谁？一般来说，考核针对的是企业所有的员工，包括总经理、部门领导、基层员工等，有时还需要员工进行自评。

怎么考核？这一问题指绩效考核的流程，可以先在同事间互评，然后员工进行自评，最后考核人员就考核结果同员工进行沟通。

2. 绩效考核的原则

绩效考核对企业、员工来说都是非常重要的，尤其是有些考核结果会作为员工日后晋升的依据，因此，绩效考核应坚持一些原则来保证绩效考核结果的公正。

一般来说，绩效考核应遵循的原则如图 3-17 所示。

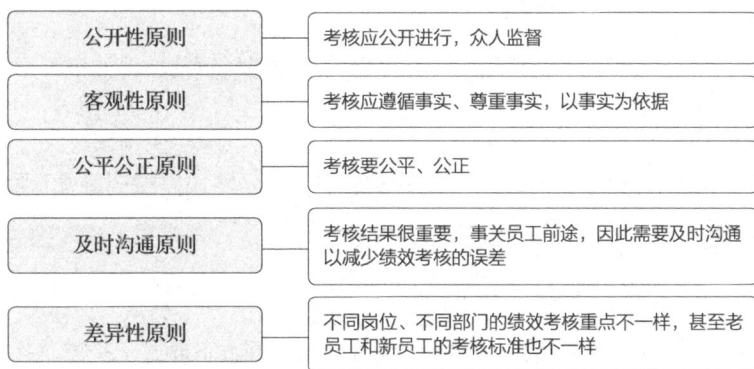

公开性原则	考核应公开进行，众人监督
客观性原则	考核应遵循事实、尊重事实，以事实为依据
公平公正原则	考核要公平、公正
及时沟通原则	考核结果很重要，事关员工前途，因此需要及时沟通以减少绩效考核的误差
差异性原则	不同岗位、不同部门的绩效考核重点不一样，甚至老员工和新员工的考核标准也不一样

图 3-17　绩效考核应遵循的原则

3. 绩效考核的面谈技巧

绩效考核面谈指部门领导与员工就绩效考核结果进行沟通和讨论。这是很多企业容易忽视的一个步骤，很多企业只重视结果，而轻视面谈。考核并不是只为了获取一个结果，而是要将结果作为依据，作为员工绩效改进的方向。

一般而言，绩效考核面谈的重点如图 3-18 所示。

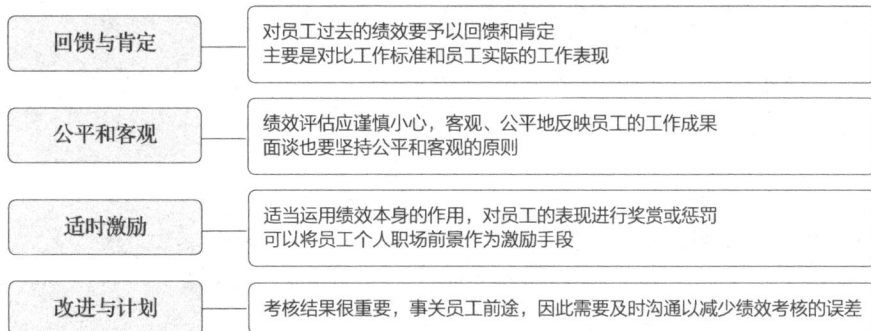

回馈与肯定	对员工过去的绩效要予以回馈和肯定 主要是对比工作标准和员工实际的工作表现
公平和客观	绩效评估应谨慎小心，客观、公平地反映员工的工作成果 面谈也要坚持公平和客观的原则
适时激励	适当运用绩效本身的作用，对员工的表现进行奖赏或惩罚 可以将员工个人职场前景作为激励手段
改进与计划	考核结果很重要，事关员工前途，因此需要及时沟通以减少绩效考核的误差

图 3-18　绩效考核面谈的重点

绩效考核面谈的重点不在于考核结果，而在于考核结果暴露出的员工的不足之处，从而让员工了解过去一段时间里在工作上的得失，将此作为下一步改进的依据；同时，考核结果也能反映员工在工作中遇到的困难，如果该困难与员工个人能力无关，企业可给予员工一些协助。

因此，绩效考核面谈是了解员工真实想法的机会，员工对绩效结果存在的误解等都可以在面谈中解决。

4. 减少绩效考核的误差

绩效考核会受到各种因素的影响，再好的绩效考核评估体系如果不重视细节，其考核效果也会大打折扣。

误差是难以避免的，但我们可以重视细节，尽量将误差减到最少，使绩效考核的结果更接近真实情况，维护员工的权益。下面是一些常见的减少绩效考核误差的方法。

·尽量多方面、多角度评价工作，评价越细越好，不要过于笼统。

·评估人员要做到公平公正，要将重点放在员工的工作上，而不要牵扯其他方面。

·评估用词要准确、可信，不能用易造成误解、含义模糊不清的词语。

·评估要有顺序，评估人员尽量避免一次评估过多的员工，以免造成评估的严格程度不同，有失公允。

·如有必要，可对评估人员进行一些简单的培训，培训内容主要涉及评估行为的公平、客观、真实、可信等方面。

3.3 员工离职：天下没有不散的筵席

员工离职，是员工与企业解除劳动合同关系，员工离开工作岗位的行为。

通常来说，员工离职是员工流动的重要方式，任何企业都有一定的员工离职率。虽说天下没有不散的筵席，适当的员工离职率有利于保持企业的活力，但过高的员工离职率对企业的负面影响很大。

员工离职也是人事管理中的重要内容，尤其是要找到员工离职的原因、办理离职员工工作的交接手续等。

关于离职原因，如果是员工个人原因，那么企业无须思虑太多；但如果是企业原因，如氛围、文化、前景等，企业则需要好好思考，并做出改进。

员工离职既有好处也有弊端，如图 3-19 所示。

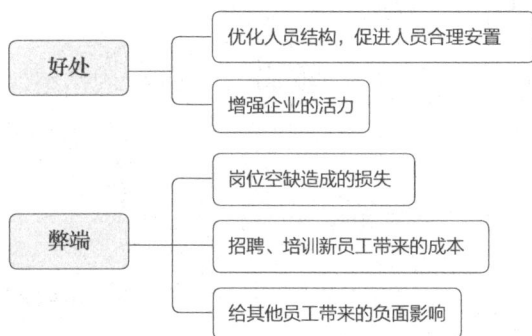

图 3-19　员工离职的好处和弊端

3.3.1　离职面谈，找到员工离职的原因

离职面谈指企业领导与已经进入离职程序的员工进行谈话沟通。在员工离开企业前，双方面对面进行沟通。

离职面谈通常由人力资源管理部门来进行，希望从沟通中发现对企业有利的信息，如改善企业的工作流程、增强企业员工的凝聚力和向心力的方法。

一般来说，离职面谈主要有以下 3 个目的。

·安抚员工。

·收集有利于企业的信息。

·了解员工离职的原因。

其中，了解员工离职的原因最重要。唯有将员工离职的原因找出来，并有针对性地进行改善，才能避免其他员工因此而离职，进而避免人才流失。

当然，离职面谈也是企业对离职者的一种安抚。事实上，很多企业都设有离职面谈这一程序。

但离职面谈需要注意很多细节，以免双方不欢而散。如果双方不欢而散，不仅无法发现员工离职的真正原因，还会埋下很多隐患。

首先，注意离职面谈地点的选择。离职面谈应该在气氛轻松、具有隐私性、安静不易受打扰的地方进行。面谈者要熟悉员工的基本资料、在企业的工作情况，甚至还要了解员工的个人爱好兴趣等。

通常，员工离职主要有 3 个方面的原因，如图 3-20 所示。

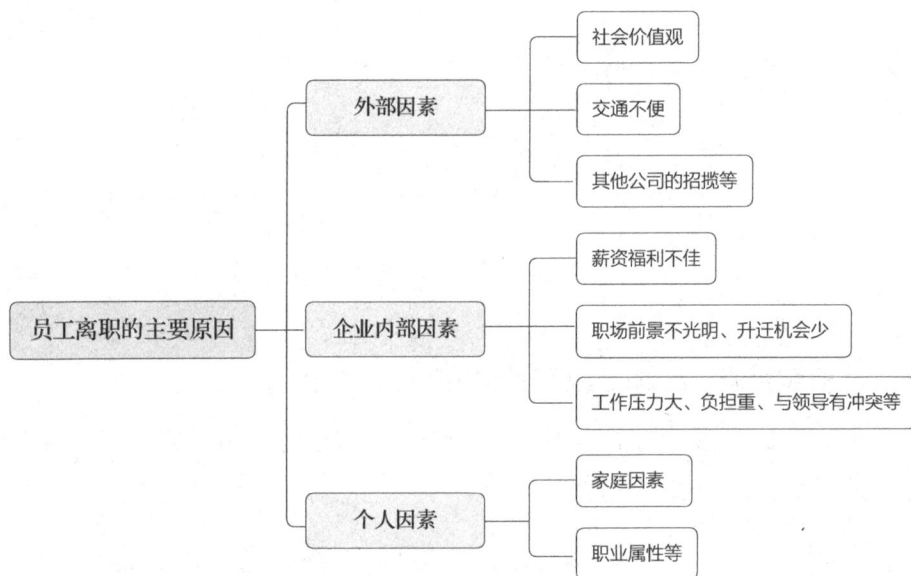

图 3-20　员工离职的主要原因

其次，在离职面谈过程中，面谈者的态度也是非常重要的。面谈者应保持以下态度与离职员工沟通。

·要有同理心，站在离职员工的角度考虑问题。

·面谈要有明确的目的。

·做好保密措施。

·尊重离职员工。

要想获得良好的沟通效果，面谈者还需要注意一些要点，如图 3-21 所示。

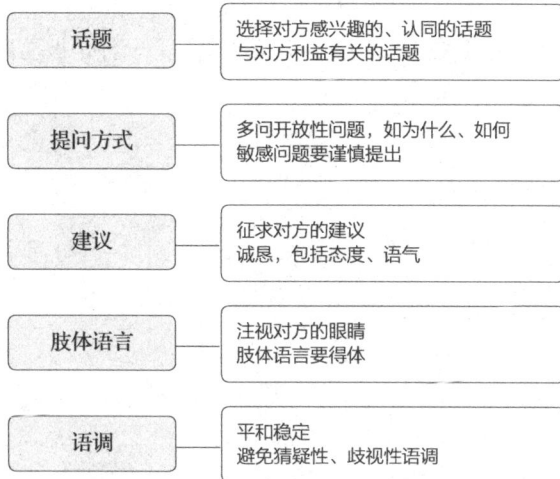

图 3-21　离职面谈的要点

最后，离职面谈的内容也很重要，这一点要根据离职面谈目的来选择。离职面谈中涉及的主要内容如图 3-22 所示。

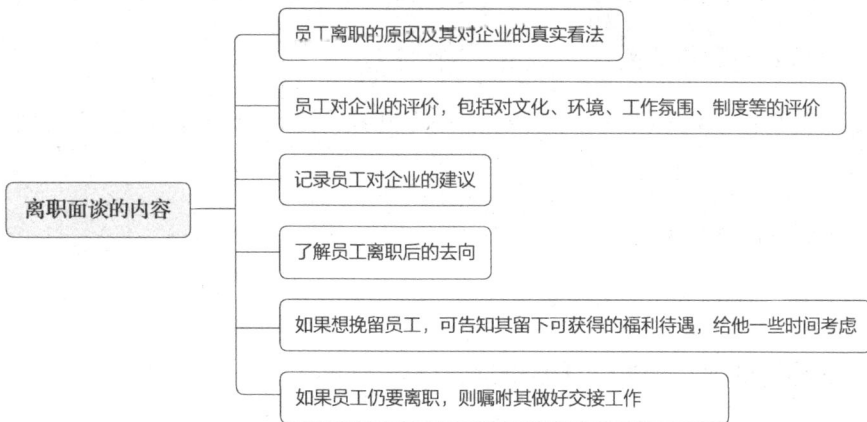

图 3-22　离职面谈的主要内容

3.3.2 审批流程，离职也是件大事

为了规范员工与企业解除劳动合同的程序，顺利结束双方的雇佣关系，保证企业的各项业务能够延续，企业都设有员工离职审批手续。这一方面是为了防止员工突然"撂挑子"给企业带来损失，另一方面是为了维护双方的利益。

员工离职可分为两种类型，一种是主动离职，另一种是被动离职，如图 3-23 所示。

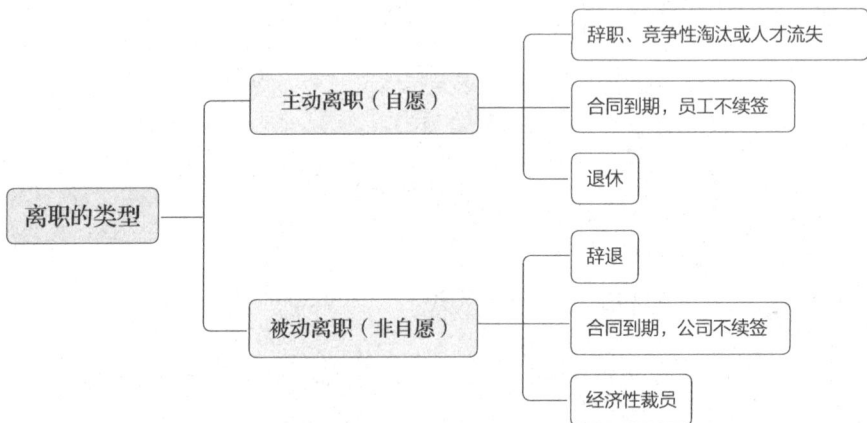

图 3-23 离职的类型

一般来说，主动离职（自愿）的员工要遵守以下离职流程。

1. 填写离职申请表

·员工填写《员工离职申请表》，并上报部门审批。按照法律规定要提前 30 日以书面形式提出离职申请。

·办理好工作交接。

·离职手续通常在 7 日内办理完毕。

2. 部门经理、人事经理等审批

·双方面谈，如果是核心员工，可试着挽留。

·工作交接完毕。

·相关资料齐全。

3. 人力资源部审核

· 与离职者面谈，了解其离职原因。

· 如果有意挽留，则试着挽留。

· 如果员工仍要离职，则为其办理离职手续。

4. 总经理的审批

· 需了解离职者的岗位重要性和具体职责。

· 核实后签字，表明是否同意。

5. 费用清算

· 了解离职者和企业之间有无欠薪问题。

· 相关费用需由经理审核签字。

· 离职者确认相关费用并签字。

· 支付离职者费用后，财务部盖章并存档。

在离职流程中，各部门的主要职责如表 3-1 所示。员工离职登记表如表 3-2 所示。

表 3-1　离职流程中各部门的主要职责

部门	职责
工作所属的部门	将员工离职信息告知人力资源管理部门，并提交《员工离职申请表》 安排人员与离职者进行工作交接 必要时可签署保密协议
人力资源管理部门	及时处理离职者的《员工离职申请表》，办理审批、离职手续 与离职者面谈 对于想挽留的员工，试着挽留 开具离职证明 档案转出，停止缴纳离职者的保险、公积金等费用
总经理办公室	审批签字

表 3-2 员工离职登记表

姓名	部门	职务	到职日期	离职日期

离职类别：□ 辞职　　□ 辞退　　□试用不合格　　□ 实习结束　　□ 其他

离职原因：

离职去向：

主管部门	离职事项	交接情况	经办人签章 / 日期
	经办工作交接（另附交接清单）		
	各项材料文件		
	其他		

部门主管意见（签字 / 日期）：

人力资源部	离职事项	交接情况	经办人签章 / 日期
	文件		
	五险一金		
	档案 / 户口		
	名片及员工证		
	制服		
	钥匙		

部门主管意见（签字 / 日期）：

行政部	离职事项	交接情况	经办人签章 / 日期
	计算机、计算机附件		
	通信工具		
	电子资料和邮件		
	账号及密码		
	主要办公用品		
	其他		

部门主管意见（签字 / 日期）：

（续表）

	离职事项	交接情况	经办人签章 / 日期
财务部	预借款		
	业务款项		
	其他		
部门主管意见（签字 / 日期）：			
经理意见（签字 / 日期）：			

3.3.3 离职手续，这样交接最稳妥

①交接人：列出交接清单，包括资料及工具（包括档案、统计表、证件等）；经办工作（包括客户衔接等）；未完事宜（包括正在经办的事、尾款等）；其他需要交接的事项。每项需注明具体交接内容并附具体说明，其中经办的工作除了工作流程外，还需要对具体情况予以说明。

另外，离职者还需填写离职手续交接清单，并按表单要求至各相关部门移交相关物品并由各部门经办人员及负责人签字确认。

②接手人：检查交接清单与实际交接内容是否相符，阅读交接人所列资料，分析自己能否独立进行工作。

③部门负责人：检查交接人列出的清单是否有遗漏项，关注接手人是否基本能独立工作，根据具体情况对交接工作提出建议，确认部门岗位工作交接的顺利完成。

综上所述，要做好工作交接，一是需要交接人、接手人、部门负责人对工作负责、细致，二是需要公司制度、流程的保障。工作移交清单如表 3-3 所示。

表 3-3　工作移交清单

单位名称：

移交人	姓名		职务	
接收人	姓名		职务	

（续表）

移交原因：□调职　　□退休　　□辞职　　□其他			
移交事项			
一、文件移交			
名称	数量	名称	数量

二、日常工作移交				
每日工作	工作内容	相关报表	完成时间	上交部门

三、未完及待办事项		
事项	完成情况	待办重点

四、实物移交			
名称	数量	单位	用途说明

五、其他事项

移交人（签字）		接收人（签字）		监交人（签字）	
移交日期		接收日期		监交日期	

备注：1. 未尽事宜可另附，另附页亦需移交人、接收人、监交人签字，并注明移交日期；
　　　2. 此交接单请正反面打印

第 4 章

用钱管钱：
创业必懂的财务常识

合理的财务管理可以帮助初创企业实现产值最大化、利润最大化、股东财富最大化、企业价值最大化。

4.1 财务常识：轻松读懂财务报表

创业者开办公司需要懂得一些财务知识，如果不懂得相关的财务知识，就像没有理财观念的人，即使拥有巨额财富，财富也会快速缩水。

从财务报表中，创业者可以了解企业赚了多少钱，企业的优势和不足，哪部分该强化，哪部分该摒弃。财务报表可用来指导企业的运营，进而帮助创业者谋划企业的愿景宏图。因此创业者应能看懂财务报表，并懂得利用财务报表。

财务报表的主要组成部分如图 4-1 所示。

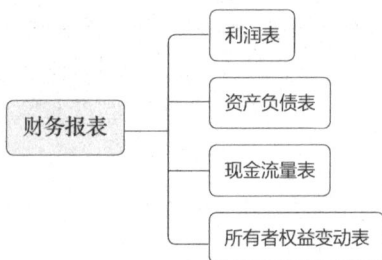

图 4-1　财务报表的主要组成部分

利润表、资产负债表、现金流量表、所有者权益变动表这四大表格能帮助创业者透视企业财务状况。

4.1.1　利润表

利润表指反映企业在某个会计期间经营成果的财务报表，它表明企业在此会计期间的各种收入、费用支出、成本支出，以及企业这段时间的盈利或亏损状况。通过它，创业者可直接得知企业是否有净利润。

企业是以营利为目的的，有了利润企业才能提高员工的福利待遇，扩大生产规模、调整企业的发展方向和战略规划等。利润是企业赢得生存的第一步，它体现了经营者的运营能力。

利润表是根据"利润 = 收入 – 费用"的基本公式来编制的。

利润表通常由表首、正表两部分组成。表首由报表的名称、纳税人名称、纳税人识别号、编制时间、货币单位等组成，正表是利润表的主体。利润表的范本如表 4-1 所示。

表 4-1　利润表（适用执行小企业会计准则的企业）

纳税人名称：

纳税人识别号：　　　　　　　　　　　年　月　　　　　　金额单位：元（列至角分）

项目	行次	本年累计金额	本月金额
一、营业收入	1		
减：营业成本	2		
营业税金及附加	3		
其中：消费税	4		
营业税	5		
城市维护建设税	6		
资源税	7		
土地增值税	8		
城镇土地使用税、房产税、车船税、印花税	9		
教育费附加、矿产资源补偿费、排污费	10		
销售费用	11		
其中：商品维修费	12		
广告费和业务宣传费	13		
管理费用	14		
其中：开办费	15		
业务招待费	16		
研究费用	17		
财务费用	18		

（续表）

项目	行次	本年累计金额	本月金额
其中：利息费用（收入以"—"号填列）	19		
加：投资收益（损失以"—"号填列）	20		
二、营业利润（亏损以"—"号填列）	21		
加：营业外收入	22		
其中：政府补助	23		
减：营业外支出			
其中：坏账损失			
无法收回的长期债券投资损失			
无法收回的长期股权投资损失			
自然灾害等不可抗力因素造成的损失			
税收滞纳金			
三、利润总额（亏损总额以"—"号填列）			
减：所得税费用			
四、净利润（净亏损以"—"号填列）			

从表 4-1 可以看出，利润表的项目分为四大类，即营业收入、营业利润、利润总额、净利润。

1. 营业收入

营业收入指企业在日常经营业务的过程中的经济收益的总流入，包括主营业务收入和其他业务收入。

在利润表中，营业收入的项目包含营业成本、营业税金及附加、销售费用、管理费用、财务费用和投资收益等。

2. 营业利润

营业利润指企业在日常运营活动中，通过销售商品、提供服务等方式所获得的利润，是企业利润的重要来源。

在利润表中，营业利润的项目主要包括营业外收入和营业外支出。

3. 利润总额

利润总额指企业在生产经营过程中将各种支出、费用扣除后的盈余，它反映了在某个会计期间内企业的盈亏总额。

在计算利润总额时，不应扣除所得税费用。

当利润总额小于零时，表明企业经营所获得的收入小于支出，也就是说企业产生亏损。

当利润总额为零时，表明企业经营所获得的收入恰好与支出平衡，即企业盈亏平衡，不亏不赚。

只有当利润总额大于零时，才表明企业经营所获得的收入大于整体支出，即企业获得收益，实现盈利。

4. 净利润

净利润指利润总额扣除按照规定应缴纳的所得税后的利润留余，即税后利润。

这里用到一个基本公式：净利润 = 利润总额 − 所得税费用。

净利润是企业运营效果好坏的体现，净利润高，代表企业运营效果好，效益好；反之，则较差。

4.1.2 资产负债表

资产负债表指反映企业在某一特定日期的财务状况（包括资产、负债、权益等）的会计报表。

资产负债表根据会计平衡原则（即企业的总资产 = 负债 + 所有者权益），将"资产、负债、股东权益"等科目分为"资产"与"负债和所有者权益"两部分。它以某一日期的企业实际运营状况为基础，经过细分、分类账、试算等会计流程后，将其用数字的方式浓缩在一张报表上。通过这张报表，人们可以快速了解企业的经营状况等。

表4-2是资产负债表模板，该表由表首和正表两部分组成。表首包括报表的名称、纳税人名称、纳税人识别号、编制时间、货币名称等，而正表是资产负债表的主体。

表4-2　资产负债表（适用执行小企业会计准则的企业）

纳税人名称：

纳税人识别号：　　　　　　　　年　月　　　　　金额单位：元（列至角分）

资产	行次	期末金额	年初金额	负债和所有者权益	行次	期末余额	年初余额
流动资产：		★	★	流动负债：		★	★
货币资金	1			短期借款	31		
短期投资	2			应付票据	32		
应收票据	3			应付账款	33		
应收账款	4			预收账款	34		
预付账款	5			应付职工薪酬	35		
应收股利	6			应交税费	36		
应收利息	7			应付利息	37		
其他应收款	8			应付利润	38		
存货	9			其他应付款	39		
其中：原材料	10			其他流动负债	40		
在产品	11			流动负债合计	41		
库存商品	12			非流动负债：		★	★
周转材料	13			长期借款	42		
其他流动资产	14			长期应付款	43		
流动资产合计	15			递延收益	44		
非流动资产：		★	★	其他非流动负债	45		
长期债券投资	16			非流动负债合计	46		
长期股权投资	17			负债合计	47		
固定资产原价	18					★	★
减：累计折旧	19					★	★

（续表）

资产	行次	期末金额	年初金额	负债和所有者权益	行次	期末余额	年初余额
固定资产账面价值	20					★	★
在建工程	21					★	★
工程物资	22					★	★
固定资产清理	23					★	★
生物性生物资产	24			所有者权益（或股东权益）：		★	★
无形资产	25			实收资本（或股本）	48		
开发支出	26			资本公积	49		
长期待摊费用	27			盈余公积	50		
其他非流动资产	28			未分配利润	51		
非流动资产合计	29			所有者权益（或股东权益）合计	52		
资产合计	30			负债和所有者权益（或股东权益）总计	53		

该报表根据资产、负债、所有者权益三者间的钩稽关系，按照一定的标准和顺序，将企业某个时间段内的资产、负债、所有者权益进行细分排列。

从表格中可以得知三者的结构和整体规模，即资产有多少，其中流动资产有多少，流动资产中应收账款、存货、货币资金各有多少；负债有多少，其中流动负债有多少，流动负债中短期借款、应付账款、应付票据等各有多少等等。

1. 资产

由流动资产和非流动资产组成。

流动资产指能在一个营业周期内变现、出售或运用的资产，包括现金、现金等价物等，一个营业周期通常为一年。在报表中该项目主要包括货币资金、短期投资、应收票据、应收账款、预付账款、应收股利、应收利息、存货等。

非流动资产指企业为了满足生产需要、提供劳务等而持有的、使用时间超过一年、达到某种价值标准的非货币性资产。非流动资产主要包括长期债券投资、长期期权投资、在建工程、工程物资、无形资产、长期待摊费用等。

2. 负债

负债指企业在过去某个时间因为某项交易或事项而导致的经济利益流出，是企业某个时限前必须要偿还的经济债务，偿还时间、方式等早已在当初所签订的合同中确定。

负债可分为流动负债和非流动负债两种。

流动负债指企业在一年内要偿还的债务，包括短期借款、应付票据、应付账款、预收账款、应付职工薪酬、应交税费、应付利息、应付利润和其他应付款等。

非流动负债指期限超过一年的，企业要还清的债务。它通常具有借款数目较大、偿还期限长的特点，主要包括长期借款、长期应付款、递延收益等。

3. 所有者权益

所有者权益指企业资产扣除负债后，由所有者享有的剩余权益，通常由实收资本、资本公积、盈余公积、未分配利润等组成。

实收资本指投资者按照企业章程、合同、协议的约定，实际投资到企业的资本，它与注册资本是有区别的。另外，资本公积、盈余公积都可以转为实收资本。

实收资本减少通常由资本过剩、企业发生重大亏损、公司调整资本结构这 3 个主要原因造成。

资本公积指企业在正常运营过程中，因接受他人捐赠、资本折算差额、股本溢价、资产评估增值等形成的公积金。

盈余公积指企业从税后利润中提取出来的，具有某种特定用途的收益积累，常见的盈余公积有法定盈余公积（按税后利润的 10% 提取）和任意盈余公积（要征得股东的同意）两种。

未分配利润是由期初未分配利润加本期所获得的净利润，减去分配的利润和提取的盈余公积后的余额。未分配利润指企业留存并未作分配的利润，可留存在以后的年度进行分配。

4.1.3 现金流量表

企业的正常运营离不开资金的支持，设计、研发、生产、销售、售后等环节都需要资金作为后盾。

假如将资产视为企业的躯体，现金则是躯体中的血液，是企业资产中最为活跃和实用的部分。

现金流量表反映企业在某个财务周期内，现金增长或减少的情况，反映企业在财务周期内生存能力的强弱。同时，它也反映了企业是否有足够的现金来支付日常运营中的各项费用。如果企业的现金流量太少，那么在某种程度上可以视为企业在财务周期内的成果和效率不佳。

现金流量表如表 4-3 所示。

表 4-3　现金流量表

单位名称：　　　　　　　　　　　年　　月　　　　　　　　　　单位：元

项　目	行次	本年累计金额	本月金额
一、经营活动产生的现金流量：			
销售产成品、商品、提供劳务收到的现金	1		
收到其他与经营活动有关的现金	2		
购买原材料、商品、接受劳务支付的现金	3		
支付的职工薪酬	4		
支付的税费	5		
支付其他与经营活动有关的现金	6		
经营活动产生的现金流量净额	7		
二、投资活动产生的现金流量：			
收回短期投资、长期债券投资和长期股权投资收到的现金	8		
取得投资收益收到的现金	9		

（续表）

项　目	行次	本年累计金额	本月金额
处置固定资产、无形资产和其他非流动资产收回的现金净额	10		
短期投资、长期债券投资和长期股权投资支付的现金	11		
购建固定资产、无形资产和其他非流动资产支付的现金	12		
投资活动产生的现金流量净额	13		
三、筹资活动产生的现金流量：			
取得借款收到的现金	14		
吸收投资者投资收到的现金	15		
偿还借款本金支付的现金	16		
偿还借款利息支付的现金	17		
分配利润支付的现金	18		
筹资活动产生的现金流量净额	19		
四、现金净增加额	20		
加：期初现金余额	21		
五、期末现金余额	22		

现金流量表由表首和正表组成。表首包括报表名称、纳税人名称、纳税人识别号、编制时间、货币金额等。正表则由经营活动产生的现金流量、投资活动产生的现金流量、筹资活动产生的现金流量、汇率变动对现金及现金等价物的影响、现金及现金等价物净增加额、期末现金及现金等价物余额组成。

经营活动产生的现金流量是企业资金的主要来源，它最能反映企业真实的运营成果。通过它，我们可以考察企业的运营状况。

投资活动产生的现金流量指企业因某种原因而形成的现金流量，通常期限为一年以上，包括长期投资现金流量、购建固定资产等。

筹资活动产生的现金流量是指因企业资本、债务的规模和结构变动而形成的现金流量，包括取得借款所获得的现金、吸引投资者投资所获得的现金等。

汇率变动对现金及现金等价物的影响，一般是指企业将外币现金流量折算成记账本位币时，依据现金流量发生当日的汇率或与即期汇率相近的汇率来折算。而在现金及现金等价物净增加额项目中，此时的外币现金净增加额是以资产负债表日的即期汇率来折算的，这两者之间的差额即可视为汇率变动对现金及现金等价物的影响。

现金及现金等价物净增加额实际是指现金流量表中经营活动、投资活动、筹资活动等三大活动中产生的现金流量的增加额。它的计算公式如下。

期末现金余额 − 期初现金余额 ＝ 现金及现金等价物净增加额

由此计算公式可以得出这样一个结论：当期末现金余额小于期初现金余额时，现金及现金等价物净增加额就会变为负数。只要你的计算方式没有出现错误，出现负数是很正常的，负数代表用于企业经营的现金及现金等价物减少。

4.1.4　所有者权益变动表

所有者权益变动表，指反映企业在某段时期内所有者权益的变动情况，包括增加或减少的情况的报表，它属于动态报表。所有者权益是企业资产总额与所有负债的差额。

当企业出现盈余或股本增加时，所有者权益会增加；当企业出现亏损或分配现金股利时，所有者权益会减少。

所有者权益变动的原因除了股东投入资本、资本公积增加外，企业经营积累也是其变动的重要原因。

通过它，人们可以查看企业的综合收益，包括所有者的所得和亏损。

所有者权益变动表范本如表 4-4 所示。

表 4-4　所有者权益变动表

纳税人名称：

纳税人识别号：　　　　　　　　年　月　　　　　　金额单位：元（列至角分）

项目	本年金额							上年金额						
	实收资本（或股本）	资本公积	减∶库存股	其他综合收益	盈余公积	未分配利润	所有者权益合计	实收资本（或股本）	资本公积	减∶库存股	其他综合收益	盈余公积	未分配利润	所有者权益合计
一、上年年末余额														
加：会计政策变更														
前期差错更正														
二、本年年初余额														
三、本年增减变动金额（减少以"—"号填列）														
（一）综合收益总额														
（二）所有者投入和减少资本														
1. 所有者投入资本														
2. 股份支付计入所有者权益的金额														
3. 其他														
（三）利润分配														
1. 提取盈余公积														
2. 对所有者（或股东）的分配														
3. 其他														
（四）所有者权益内部结转														
1. 资本公积转增资本（或股本）														
2. 盈余公积转增资本（或股本）														

（续表）

项目	本年金额							上年金额						
	实收资本（或股本）	资本公积	减：库存股	其他综合收益	盈余公积	未分配利润	所有者权益合计	实收资本（或股本）	资本公积	减：库存股	其他综合收益	盈余公积	未分配利润	所有者权益合计
3.盈余公积弥补亏损														
4.其他														
四、本年年末余额														

4.2 财务管理：事关财务无小事

企业财务管理要追溯到 15 世纪末、16 世纪初，即资本主义萌芽时期。那个时期，商业组织开始涌现，企业需要合理地预测所需的资本以便筹资，但由于企业规模普遍较小，并未形成独立的财务管理职业。

19 世纪 20 年代，工业革命的不断发展促进了股份制企业的崛起，其很快占据了主体地位，筹资方式和渠道也因此发生了很大的变化，此时进入筹资财务管理时期。

20 世纪 50 年代后，单纯依靠大规模融资、增加产量的方式已经无法满足社会发展的需求，企业的当务之急是提高资金的利用率，因此资产管理成为这个阶段财务管理的重点。

特别是在这一时期，科学技术迅猛发展，同时国际市场需求快速增长，跨国企业大规模出现，但质量良莠不齐，导致投资环境复杂、风险日益增加，因此企业必须规避风险，注重投资收益，此时迈入投资管理时期。

经过多年的发展，财务管理逐渐成为集财务预测、决策、计划、控制、分析等功能于一身的，以筹资管理、资产管理、投资管理、利润分配为要点的财务活动，并在企业管理中占据着越来越重要的位置。

财务管理是指在整体目标下，对于投资资产、筹资资产、营运资金、未分配利润的管理。简单来说，财务管理就是管理企业的财务活动，处理财务关系。

财务管理的主要目的是实现 4 个"最大化"，如图 4-2 所示。

| 产值最大化 | — | 利润最大化 | — | 股东财富最大化 | — | 企业价值最大化 |

图 4-2　财务管理中的 4 个"最大化"

4.2.1　资产管理

资产管理指资产管理人根据资产管理合同的规定对客户资产进行运用，如投资证券、股票等行为，目的是提高资产的利用率，企业资产管理也是如此。企业资产管理的作用如图 4-3 所示。

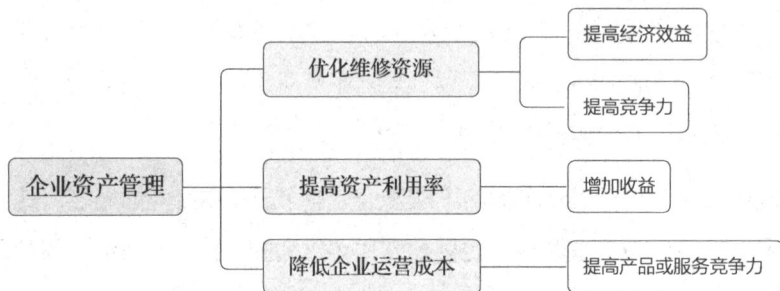

图 4-3　企业资产管理的作用

企业资产管理以信息化解决方案为主，如资产密集型企业的信息化、制造企业的信息化等；以企业资产及其维修管理为核心内容，涵盖基础管理、工单管理、检修管理、数据采集管理、库存管理、采购管理、作业计划管理等，工作流程管理、决策分析等也可以归在这一方面。

现在很多企业都建造了设备信息库，应用范围涵盖设备前期的选型、采购、安装测试、试用等，设备使用期间的移装、启封、调整等，以及设备使用后期的闲置、转让、租赁、报废等。在这些过程中，设备的维修、保养、润滑等情况都详细记录在册，方便对其进行管理。

由此可知，资产管理是延长企业设备使用寿命的有效方式，可以降低设备损坏率，提升企业资产的利用率，是企业获取长期稳定收益的方法之一。

一般来说，企业资产管理，尤其是固定资产的管理应遵循以下几项原则，如图 4-4 所示。

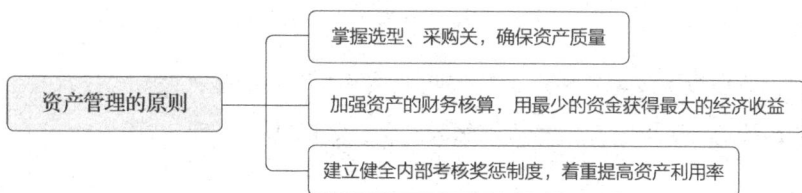

图 4-4　固定资产管理的几项原则

4.2.2　投资管理

投资管理是指企业对其投资行为进行管理。

随着时代的发展，企业已不再单纯地提供产品和服务，有时也会进行投资，如今，投资已成为企业创造价值的新方式，并且与企业的生存和发展休戚相关。

一般来说，企业投资的流程如图 4-5 所示。

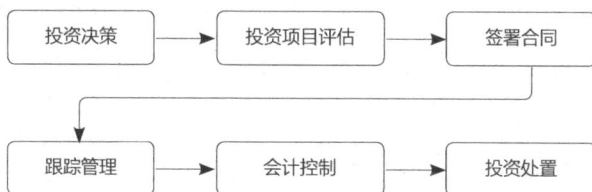

图 4-5　企业投资的流程

随着经济发展和社会进步，多元化投资已是企业投资的标配，因此对企业投资进行分类，是投资管理的前提。企业投资的类型如图 4-6 所示。

按性质划分 —— 权益性投资
　　　　　　债权性投资

按投资方向划分 —— 对内投资
　　　　　　　　对外投资

按投资资金来源划分 —— 自有资金投资
　　　　　　　　　　外部资金投资

按投资对象划分 —— 实业投资
　　　　　　　　金融投资

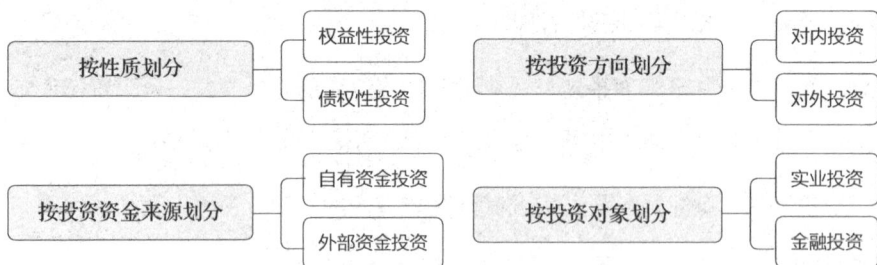

图 4-6　企业投资的类型

但企业在投资过程中所遭遇的风险依然不少，可谓是利益与风险共存。企业投资的风险可分为外部风险和内部风险两种，如图 4-7 所示。

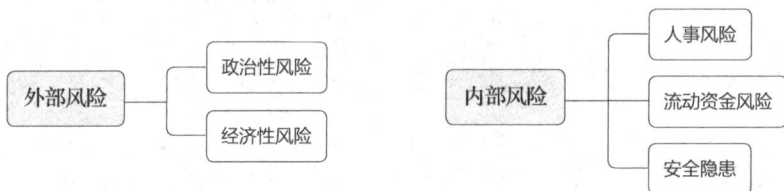

外部风险 —— 政治性风险
　　　　　经济性风险

内部风险 —— 人事风险
　　　　　流动资金风险
　　　　　安全隐患

图 4-7　企业投资的风险

投资成败对企业的影响很大，甚至关乎企业的生死存亡，因此对投资的管理应科学合理，以降低投资风险、谋取最大化的投资收益为目标。

一般来说，在投资管理上，企业应注意的问题如图 4-8 所示。

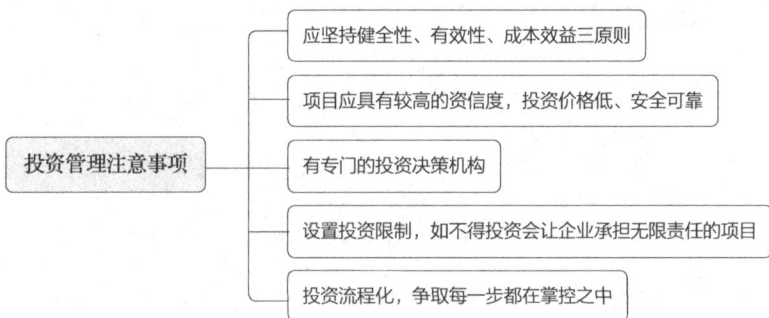

投资管理注意事项 —— 应坚持健全性、有效性、成本效益三原则
　　　　　　　　　项目应具有较高的资信度，投资价格低、安全可靠
　　　　　　　　　有专门的投资决策机构
　　　　　　　　　设置投资限制，如不得投资会让企业承担无限责任的项目
　　　　　　　　　投资流程化，争取每一步都在掌控之中

图 4-8　企业投资管理应注意的几大问题

4.2.3 发票管理

发票指单位或个人在购买产品、接受服务及从事经营活动的过程中，所收到或所开具的业务凭证，它是会计核算的依据，也是其他税务机关进行检查的依据。

为了维持正常的经济秩序，企业应按照税务机关有关发票的管理规定，结合企业自身的情况，制定相应的发票管理制度，如发票的领购和使用注意事项。

一般来说，发票管理主要从发票领取、发票使用、发票保管 3 方面进行，如图 4-9 所示。

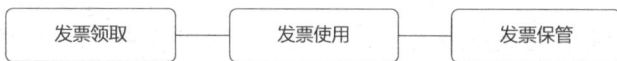

发票领取 —— 发票使用 —— 发票保管

图 4-9　发票管理的内容

1. 发票领取

应由专人负责在购领发票申请单中填写企业经营所需的发票种类和数量。

企业人员根据需要到财务部领取发票，并记录领取发票的日期、数量、发票起止号、经手人等内容。

发票只适用于本企业，不得向外转让、出售等。

2. 发票使用

开具发票时，应符合以下规定。

·项目填写清楚齐全，书写规范，单位名称要写全称，不得简写。如若单位名称很长，可以分为上下两行来填写，并加盖发票专用章。另外注意，发票不得涂改。

·日期填写准确，购物单位一栏不得简化或不填，产品名称、数量、票面金额等应与实际相符。

·填写错误的发票不能撕毁，应该在上面注明"误填作废"字样，将其保留在原来的位置上，然后另行开具发票。

·如果发票开具后，购货人不索取而成为废票的，也作有误处理。

·发票联左下方需加盖"发票专用章"，印痕要清晰、完整。

·开具发票后，发生销货退回或销售折让时，如果还未将记账联做账务处理，则作有误处理。

3. 发票保管

应按照档案管理的相关规定对发票进行保管，发票应存放在安全的场所。

各部门应按发票的顺序整理好发票存根，交财务部核对。财务部检查收回和领用数量是否相符，发现缺本少页的，财务部应按税务局发票管理规定罚款并追究当事人的责任。

分店财务部收回的发票上交区财务部，区财务部负责将其整理装箱，贴上封签，并依据税务局的规定存放和保管（包括发票登记本）。其保存期限为 5 年，保存期满，报税务机关查验，经税务机关批准后销毁。

4.2.4 费用报销

公司运营是一项很复杂的活动，尤其是涉及金钱支出和收入的活动。支出包括各种费用支出，如销售费用、管理费用、升级设备费用、财务费用、员工出差费用（差旅费）等。这些支出要由公司负担，如果员工先垫付了，事后应向公司报销。费用报销也是企业财务管理的重要内容。

报销指将领用款项或收支项目开列清单，然后按照公司的报销程序申请报销。

为了管理公司的各项费用，避免公司出现账目混乱、干扰工作等，公司需要制定费用报销制度。其目的如图 4-10 所示。

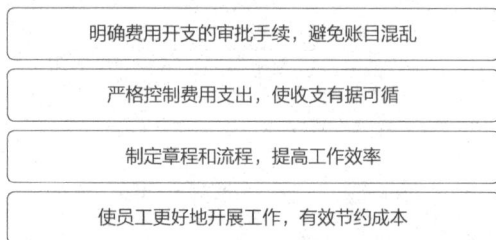

明确费用开支的审批手续，避免账目混乱
严格控制费用支出，使收支有据可循
制定章程和流程，提高工作效率
使员工更好地开展工作，有效节约成本

图 4-10 公司制定费用报销制度的目的

通常，费用报销的流程如图 4-11 所示。

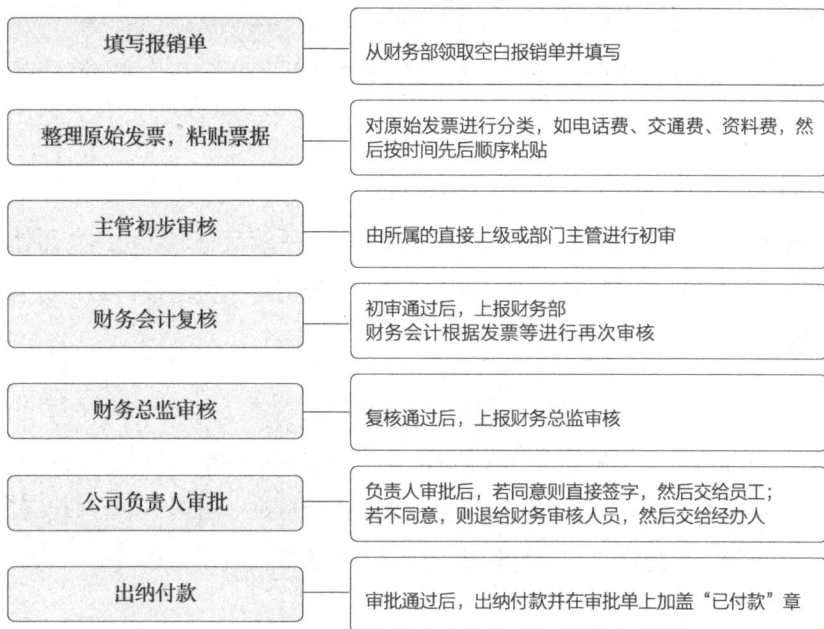

填写报销单	从财务部领取空白报销单并填写
整理原始发票，粘贴票据	对原始发票进行分类，如电话费、交通费、资料费，然后按时间先后顺序粘贴
主管初步审核	由所属的直接上级或部门主管进行初审
财务会计复核	初审通过后，上报财务部 财务会计根据发票等进行再次审核
财务总监审核	复核通过后，上报财务总监审核
公司负责人审批	负责人审批后，若同意则直接签字，然后交给员工；若不同意，则退给财务审核人员，然后交给经办人
出纳付款	审批通过后，出纳付款并在审批单上加盖"已付款"章

图 4-11　费用报销的流程

整个流程应在规定时限内完成。正常报销单审核通过后，一般应在 3 个工作日内完成报销流程。

费用报销的流程很简单，然而在实际报销过程中问题却很多。有些员工的费用因出了差错不能进行报销，这导致员工抱怨不已，影响他们的工作情绪和积极性，给公司带来负面的影响。

费用报销应该注意以下事项，以免在费用报销中出现差错。

·报销单应由员工亲自填写，内容要填写完整，不得有漏项，特殊的费用可以用铅笔做好备注。另外，报销单不得随意涂改，尤其是金额大小写，如果填写有误，应重新领取一张报销单填写。

·如果填写的金额涉及小数点后两位，可根据四舍五入的原则保留一位（仅适用于现金报销）。

·如果实际报销金额和发票上的数额不符，应在发票背面写明实际报销金额，并由费用经办人签字确认。不得涂改发票，将金额改成实际报销金额，此举只会造成发票无效。

· 费用报销应以部门为单位，不同部门的费用支出不应出现在同一张报销单上。

· 费用报销应遵循当月费用当月报销的原则，除了差旅费通常在返回公司后3天内报销、手机通信费用于次月底前办理好报销手续及特殊规定的费用外，其他费用应严格按照公司制度报销，对于无故而不及时申请费用报销的，财务部门不予处理。

· 个人借支款项，有时员工因为某些急事借支款项，应在事情结束后的3个工作日内将报销单上交财务部办理手续；未办理报销手续的，按照"前账不清，后账不借"的原则，不得再次向其借支款项。借款应在一月内销清。如果在当月无法进行核销，则应在月底向财务部说明原因，否则该款项将从该员工的个人工资中扣除。

· 费用报销应提供发票，发票应填写完整、字迹工整，不能涂改。另外，发票专用章印迹要清晰，没有发票的费用报销需提交公司负责人进行审批。

差旅费是企业运营中常见的支出项目，员工因公外出而产生的交通费、住宿费、杂物费、伙食费等各项费用，都属于差旅费。差旅费核算内容如图4-12所示。

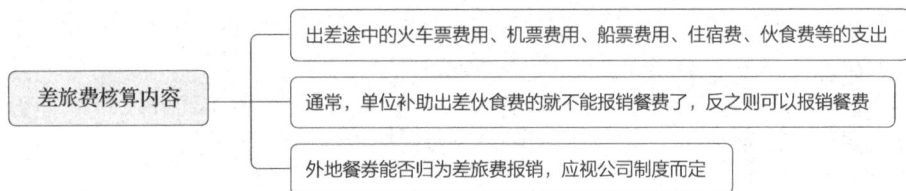

差旅费核算内容
- 出差途中的火车票费用、机票费用、船票费用、住宿费、伙食费等的支出
- 通常，单位补助出差伙食费的就不能报销餐费了，反之则可以报销餐费
- 外地餐券能否归为差旅费报销，应视公司制度而定

图 4-12 差旅费核算内容

差旅费的金额应在公司规定的出差标准内，超预算部分不予报销；出差前应提交出差申请单，未获得批准的，不予报销；出差途中其他与工作无关的费用开支，不在报销范围内。

通常，差旅费的报销流程如图 4-13 所示。

填写《差旅费报销单》 → 主管领导审核 → 财务人员审核 → 出纳付款

图 4-13 差旅费的报销流程

在差旅费报销流程中，主管领导、财务人员等稽核人员应根据公司规定，严格审查经办人所提交的单据是否齐全，票据是否合法和真实。

差旅费报销应注意以下事项。

·出差时若选择飞机作为出行工具，其改签费、退票费等通常不予报销。

·报销应提交原始票据，如果原始发票上没有员工的姓名，则需员工在发票背面签字。

·报销凭证的填写要项目完整、字迹清晰。对于字迹不清晰，填写不完整的报销凭证，不予报销。另外，伪造、涂改原始票据的不予报销。

·如果原始票据丢失，则需员工写出详细的书面说明及报销项目明细、金额等，提交主管领导签字，再进行下一步。

4.3 税务常识：做明白的纳税人

开办公司很容易遇到税务问题，一方面是因为很多创业者认为税务事项很简单，由财务会计人员处理即可，不必设置专门的税务部门；另一方面则是因为创业者认为只要遵守税务法规即可。很多公司存在偷税漏税的行为，这会给公司的发展带来巨大的危险。

不懂得税务常识，公司必然会税务混乱，尤其是弄不清该缴纳哪些税费，以致管理也出现混乱。通常来说，税务不清具有以下三大危害，如图 4-14 所示。

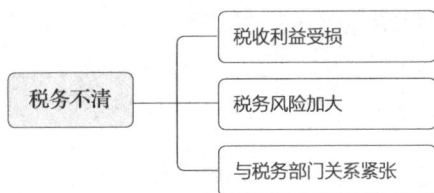

图 4-14　税务不清的三大危害

不懂得税务常识，公司可能会因未能正确计算税款而多缴纳款项，或因为不懂税法而陷入逃税丑闻。而与税务部门关系紧张，害怕与税务部门打交道等，会给公司的发展带来很多隐患。

因此，创业者应懂得一些税务常识，以免公司在税务上陷入被动，得不偿失。

4.3.1　公司应缴纳哪些税

在经营过程中，公司难免要与税务打交道，要缴纳各种税，而且涉及的税种很丰富。不过通常情况下，公司应缴纳的基本税种如图 4-15 所示。

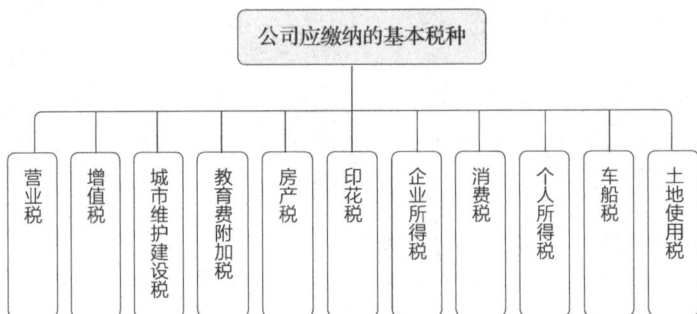

图 4-15　公司应缴纳的基本税种

税收以实现国家公共财政职能为目的，是国家获得财政收入的主要形式，是取之于民、用之于民的。税收具有无偿性、固定性和强制性 3 个特征。公司应根据法律法规及时足额缴纳相关的税款，下面我们详细介绍公司应缴纳的基本税种。

1. 营业税

营业税指在我国境内提供应税劳务、销售不动产、转让无形资产的单位和个人，以其营业额为依据而征收的一种税，属于流转税制中的税种。

该税种以应税劳务的营业额、不动产的销售额、转让无形资产的转让额为计税依据，按照一定的百分比缴纳税款，税率通常为3%。

目前营业税已经退出历史舞台，改为增值税，即所谓的"营改增"。根据规定，自2016年5月1日起，全国将全面推广营业税改增值税试点，销售服务、无形资产、不动产等都被纳入营改增的征税范围内。

2. 增值税

增值税指以商品在流转过程中的新增价值为对象而征收的一种税，商品生产、流通、劳务服务等多个环节中所获得的新增价值或附加值都是增值税的征收对象。目前增值税也是我国最主要的税种之一，已成为税收收入的主要来源。

税收范围包括销售货物、提供加工或修理修配劳务等。根据其经营规模和会计核算是否健全，纳税人可以分为一般纳税人和小规模纳税人两种，两者的区别如图 4-16 所示。

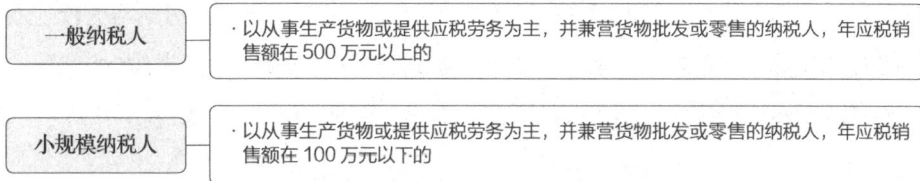

| 一般纳税人 | ·以从事生产货物或提供应税劳务为主，并兼营货物批发或零售的纳税人，年应税销售额在 500 万元以上的 |
| 小规模纳税人 | ·以从事生产货物或提供应税劳务为主，并兼营货物批发或零售的纳税人，年应税销售额在 100 万元以下的 |

图 4-16　一般纳税人与小规模纳税人的区别

一般纳税人和小规模纳税人的税率是不一样的。具体适用情况如表 4-5 所示。

表4-5　一般纳税人和小规模纳税人的税率

纳税对象	增值税项目	税率
一般纳税人	销售或者进口	9%
	交通运输服务，邮政服务，电信服务，建筑服务，销售不动产，	9%
	金融服务，研发技术服务，信息技术服务，文化创意服务，物流辅助服务，鉴证咨询服务，广播影视服务	6%
	有形动产租赁服务	13%
	不动产租赁服务	9%
	文化体育服务，教育医疗服务，旅游娱乐服务，餐饮住宿服务，居民日常服务	6%
	销售无形资产	6%
小规模纳税人	发生使用简易计税办法计税的特定应税行为	0%~5%

3. 城市维护建设税

城市维护建设税简称城建税，指为了加强城市的维护建设，扩大和稳定城市维护建设资金的来源，而征收的一个税种，是对从事工商经营，缴纳增值税、消费税的单位和个人征收的一种税。城市维护建设税根据纳税人所缴纳的增值税、消费税的税额进行征收。纳税人的所在地不同，其税率也不同，如表4-6所示。

表4-6　不同纳税人所在地的不同税率

纳税人所在地	税率
市区（国务院批准市建制的城市）	7%
县城、镇（省人民政府批准的县城、县属镇）	5%
既不在市区，也不在县城、镇的	1%

4. 教育费附加税

教育费附加税指对所在地为城市、县城的纳税人，根据其所缴纳的增值税、消费税的缴纳款项而征收的一种附加税，税率为3%。

5. 房产税

房产税指将房屋作为征收对象的一种税款，以房产原值或房产租金收入作为计算税收款项的依据。在我国境内，拥有房屋产权的单位和个人都属于此税种的纳税人。

如果公司没有自己所有的房产，则无须缴纳房产税。

6. 印花税

印花税指对经济活动或在经济活动中所签订的如合同、营业账簿等具有法律效力的凭证等征收的一种税。完税后，应税凭证上会粘贴印花税票，故名为印花税。

纳税人按照规定的应缴税率比例和定额自行购买并粘贴印花税票。《中华人民共和国印花税暂行条例》中所列举的应纳税凭证分为 5 类，如图 4-17 所示。

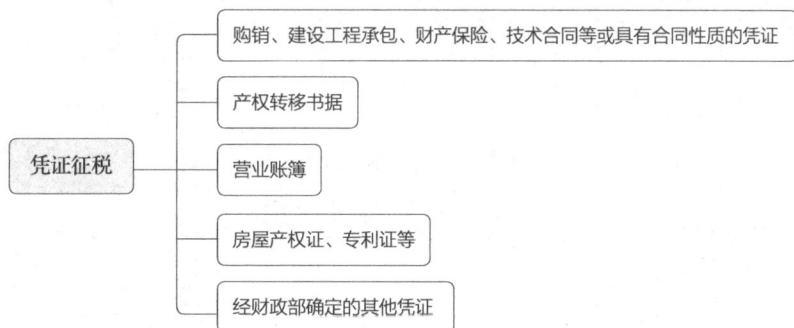

图 4-17　《中华人民共和国印花税暂行条例》中的 5 类应纳税凭证

其中，产权转移指财产权利关系的变更行为，如产权买卖、交换、赠予、继承、分割等。目前，产权转移书据包括商标专用权、专利权、版权、财产所有权、专有技术使用权 5 项。

营业账簿可分为资金账簿和其他营业账簿。

根据税法的规定，目前印花税的征税税目有 13 种，不同的税目其税率不同。印花税的设计遵循从轻、共同承担的原则，因此印花税的税率很低，其税率如表 4-7 所示。

表 4-7　印花税税率

	税目	范围	税率
1	购销合同	包括供应、采购、购销、调剂等合同	按购销金额的 0.3‰贴花
2	加工承揽合同	包括加工、定制、印刷、广告、修理等合同	按加工或承揽收入的 0.5‰贴花
3	建设工程勘察设计合同	包括勘察、设计合同	按所收取费用的 0.5‰贴花
4	借款合同	银行等其他金融机构、借款人	按借款总金额的 0.05‰贴花
5	建筑安装工程承包合同	包括建筑、安装工程承包合同	按承包金额的 0.3‰贴花
6	技术合同	包括技术开发、技术转让、技术服务等合同	按所载金额的 0.3‰贴花
7	财产租赁合同	包括房屋出租、机械出租、设备出租等合同	按租赁金额的 1‰贴花。税额不足 1 元，按 1 元贴花
8	货物运输合同	包括铁路运输、海上运输、航空运输等合同	按运输费用的 0.5‰贴花
9	仓储保管合同	包括仓储、保管合同	按仓储保管金额的 1‰贴花
10	财产保险合同	包括财产、责任、保证等保险合同	按保险费用收入的 1‰贴花
11	产权转移书据	包括财产所有权、版权、专利权、商标专用权等合同	按所载金额的 0.5‰贴花
12	营业账簿	资金账簿和其他账簿	资金账簿按照实收资本和资本公积总额的 0.5‰贴花，其他账簿则按件计税，每件 5 元
13	权利、许可证照	不动产权证、营业执照、专利证、商标注册证等	按件计税，每件 5 元

7. 企业所得税

企业所得税指对国内的所有企业，就其来源于境内外的生产经营所得或以其他方式所得征收税款的一种方式。企业所得税征收对象如图 4-18 所示。

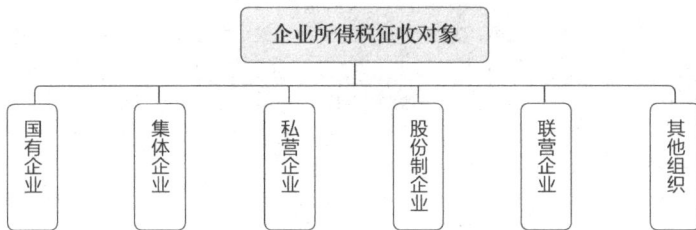

图 4-18　企业所得税征收对象

企业应按照法律规定缴纳税款。企业所得税税率普遍为 25%，但不同的企业其所得税税率也存在差别，如表 4-8 所示。

表 4-8　不同企业的企业所得税税率

纳税对象	税率
小型微利企业	20%
国家需要重点扶持的高新技术企业	15%
技术先进型服务企业	
西部地区鼓励类产业	
集成电路线宽小于 0.25 微米或投资额超过 80 亿元的集成电路生产企业	
从事污染防治的第三方企业	
重点软件企业和集成电路设计企业特定情形	10%
非居民企业特定情形所得	

8. 消费税

消费税也称特种货物及劳务税，是对特定货物与劳务征收的一种税。

目前，有 5 个种类的产品在消费税的征收范围内，如图 4-19 所示。

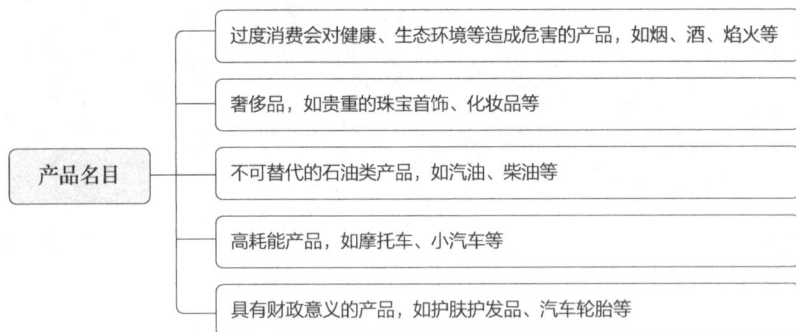

图 4-19　消费税的征收范围

消费税的税率有两种，即比例税率和定额税率。在消费税税率的选择上，主要根据纳税对象的市场情况来确定。对于供求相对平衡，价格差异较小的产品，选择定额税率，如啤酒、黄酒等；而对于供求矛盾尖锐，价格差异较大的产品，则选择比例税率，如烟、酒、护肤护发品、摩托车等。

不过有些产品既采用比例税率，又采用定额税率，如甲类卷烟、乙类卷烟、白酒等。

消费税实行价内税，具有税收负担转嫁性，也就是说，通常情况下，产品的价款中已经包含了消费税，税款由消费者承担。

9. 个人所得税

个人所得税的纳税人既包括居民纳税人，也包括非居民纳税人。居民纳税人要以在我国境内、境外所获得的收入为依据缴纳税款，非居民纳税人要以在我国境内所获得的收入为依据缴纳税款。

个人所得税一般由公司代扣代缴，发放工资时扣除个人所得税，然后根据九级超额累进税率缴纳，税率为 3% ~ 45%。

10. 车船税

车船税指在我国境内的车辆、船舶的所有人或管理人按照相关法规应缴纳的一种税。其纳税人为在我国境内拥有和使用车辆、船舶的企业、单位和个人等。

11. 土地使用税

土地使用税指在城市、县城、镇等范围内使用土地的单位和个人根据实际占用土地面积来计算税款的一种税。

上面所列的为公司应缴纳的基本税种。通常情况下，企业增值税、企业所得税及附加税，所得税只要发生就需根据规定缴纳，其他税种则按照规定缴纳即可，一般一年缴纳一次。

4.3.2 报税的流程

随着时代的发展，尤其是互联网技术的发展，税收管理改革不断完善。当前，公司可以通过两种方式报税，即纸质申报和网上申报，如图 4-20 所示，后者是一种紧跟时代的、便利的申报方式。

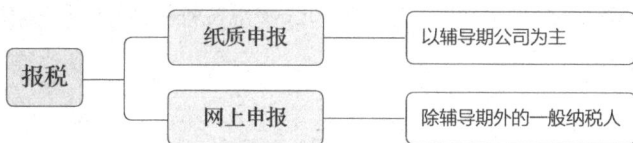

图 4-20 两种报税方式

1. 纸质申报

报税公司需填写 5 张表格（主表、销项情况明细表、进项税额明细表、专用发票申报抵扣明细、专用发票存根明细），带上抄好税的 IC 卡，交给专管员或值班人员稽核对比认证结果，稽核无问题后，在申报征收窗口报税即可。

2. 网上申报

报税公司只需打开计算机，进入网上申报系统，按照提示进行申报即可。等申报反馈出来后打印出来，拿到税务局清 IC 卡。网上申报是现在最普遍的报税方式，其流程如图 4-21 和图 4-22 所示。

网上申报

1. 输入纳税人识别号、密码登录

2. 单击"办税报务厅"

3. 单击左栏"办税区—财务会计报表申报"，单击"进入办税区"
单击左栏"办税区—关联申报"，单击"进入办税区"
单击左栏"办税区—非居民企业申报"，单击"扣缴非居民企业所得税申报"，单击"进入办税区"

4. 根据实际情况，选择所属企业类型，单击"下一步"
选择所属年度，然后单击"确定"
单击"我要申报"

图 4-21　网上报税流程（1）

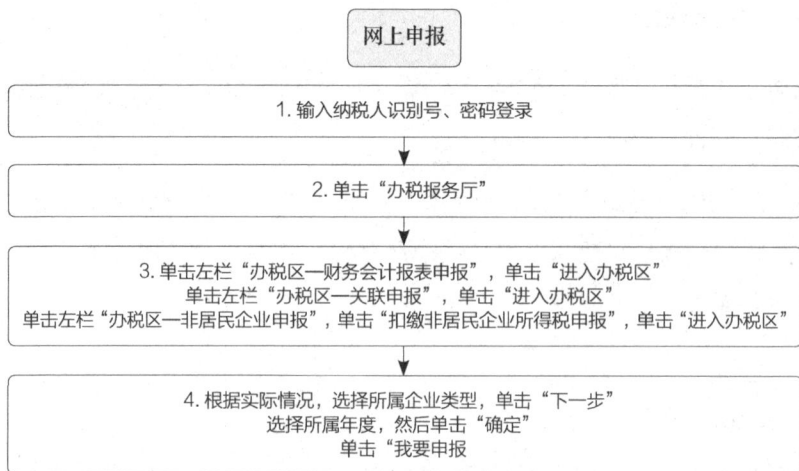

根据公司类型和申报税种的不同，申报类型分为财务会计报表申报、关联申报、非居民企业申报 3 种。根据公司的实际情况选择，然后按照系统提示进行下一步的流程。

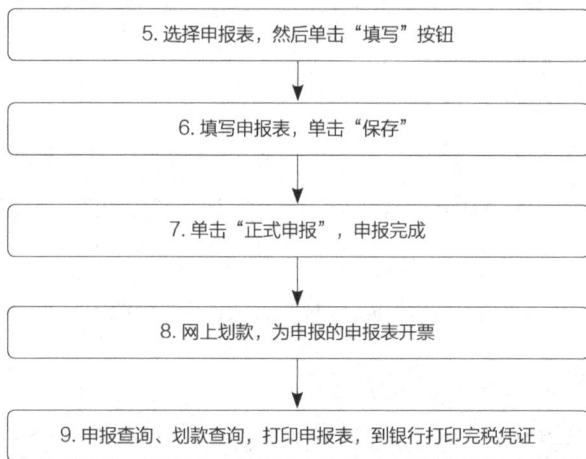

5. 选择申报表，然后单击"填写"按钮

6. 填写申报表，单击"保存"

7. 单击"正式申报"，申报完成

8. 网上划款，为申报的申报表开票

9. 申报查询、划款查询，打印申报表，到银行打印完税凭证

图 4-22　网上报税流程（2）

公司在报税流程中应注意以下事项。

· 申报表申报成功后，不能再次填写或纠正。如果是未正式申报或正式申报却失败的申报表，其所申报的税种视为未申报。

·"网上划款"可以根据申报的申报表开票，地税局会根据开票信息进行划款，然后纳税人可通过"网上划款""实缴查询"，了解地税局扣款的情况。

·申报和网上划款结束后，应及时查询进度，即进行"申报查询""划款查询"操作，确保申报表已成功申报、划款已成功。

·正式申报成功后，可通过"申报查询"功能打印申报表。

·扣款成功后，公司可到开户银行打印完税凭证。

4.3.3　常见的税务筹划方法

税务筹划指公司为了实现利润最大化，而采取一些方法，对公司的纳税情况进行节税调节、筹划，以达到降低税负的目的。

当然，这种方式违背了税法的立法意图，但只要遵循法律法规，税务筹划并不违法，法律上也存在合理节税的说法，所以税务筹划在当今企业中很常见。

税务筹划要严格遵守相关规定，要合法节税。很多公司，尤其是新开办的公司，其经营存在不少困难，因此急需增强自身的实力、创新能力、经济活力等，而合法的节税对这些公司来说算是"节流"之道。

公司进行税务筹划的方法多种多样，税种的不同，所采用的方法也不同。目前较为普遍的是从企业所得税、增值税两大税种进行税务筹划，具体方法如下。

1. 企业所得税

企业所得税的税务筹划方法很多，其根据方式和内容可分为 3 类：国内税务筹划、国际税务筹划和税负转移。

国内税务筹划指企业利用各种方法、途径来减轻税负，常见的国内税务筹划方法如图 4-23 所示。

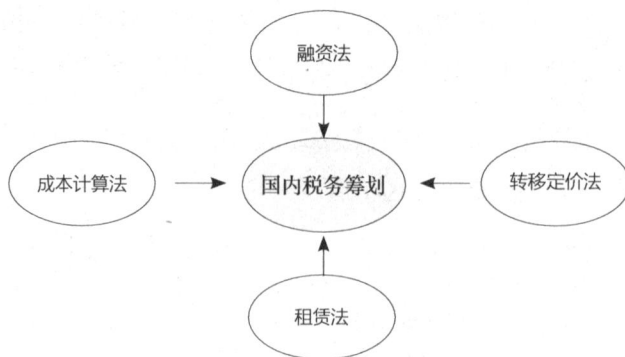

图 4-23 国内税务筹划方法

国内税务筹划的方法很多，企业应根据其实际情况来选择。创业者可以从如图 4-24 所示的方法中选择一种或综合运用，制定节税计划，做好纳税筹划。

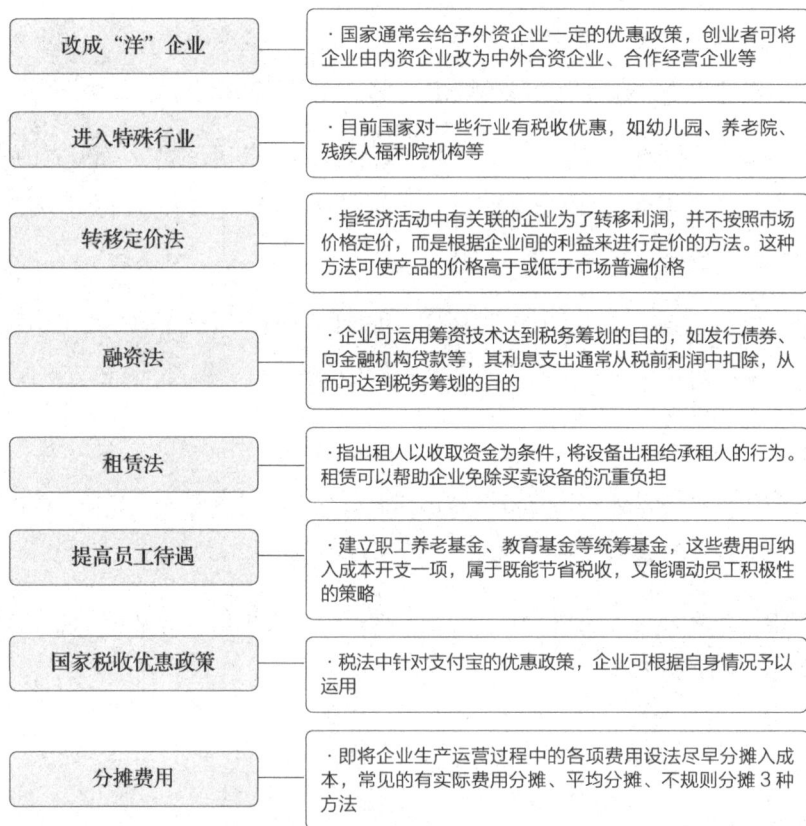

改成"洋"企业	·国家通常会给予外资企业一定的优惠政策，创业者可将企业由内资企业改为中外合资企业、合作经营企业等
进入特殊行业	·目前国家对一些行业有税收优惠，如幼儿园、养老院、残疾人福利院机构等
转移定价法	·指经济活动中有关联的企业为了转移利润，并不按照市场价格定价，而是根据企业间的利益来进行定价的方法。这种方法可使产品的价格高于或低于市场普遍价格
融资法	·企业可运用筹资技术达到税务筹划的目的，如发行债券、向金融机构贷款等，其利息支出通常从税前利润中扣除，从而可达到税务筹划的目的
租赁法	·指出租人以收取资金为条件，将设备出租给承租人的行为。租赁可以帮助企业免除买卖设备的沉重负担
提高员工待遇	·建立职工养老基金、教育基金等统筹基金，这些费用可纳入成本开支一项，属于既能节省税收，又能调动员工积极性的策略
国家税收优惠政策	·税法中针对支付宝的优惠政策，企业可根据自身情况予以运用
分摊费用	·即将企业生产运营过程中的各项费用设法尽早分摊入成本，常见的有实际费用分摊、平均分摊、不规则分摊 3 种方法

图 4-24 企业做好纳税筹划

2. 增值税

除了企业所得税外，增值税也是企业进行税务筹划的重点。

根据有关增值税的税收优惠政策和规定，对其进行税务筹划的要点如图 4-25 所示。

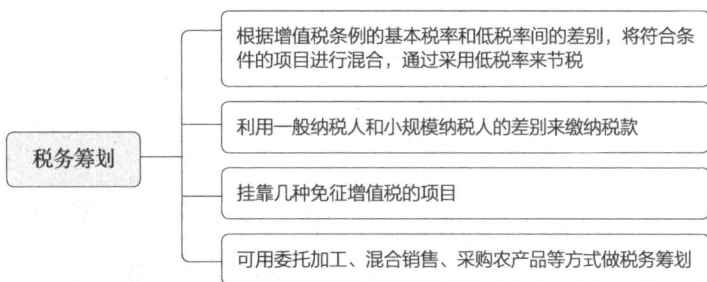

图 4-25　增值税税务筹划的要点

税务筹划的方法很多，但采用这些方法时一定要坚持一个原则：节税必须合法和合理。

第 5 章

融资之道：
用好资本这把双刃剑

资金是维持企业发展的"血液"，是推动企业经济活动的第一动力。因此，企业通过融资获得稳定充足的资金，筹集到满足生产所需的资金，对企业的发展而言是非常重要的，它甚至决定着企业的生死存亡。

5.1 没有融资认知就没有融资行动

企业作为一个特殊的经济组织，在当今的商业活动中发挥着越来越重要的作用，模式、产品、管理、营销、团队、融资、盈利、IPO（Initial Public Offering，首次公开募股）、并购、重组等关键词体现了企业创立后的历程。

尤其是融资，它被视为企业家的"终身课题"。

由于自身规模小、无担保等问题，中小企业、初创企业一直被禁锢在"资金短缺"的"魔咒"中。然而，随着时代的发展，融资模式逐渐多样化，融资工具和融资渠道也逐渐丰富。在这样的背景下，中小企业和初创企业更应具备融资认知，毕竟认知是行动的开始，没有融资认知就没有后续的融资行动。

没有融资认知，企业就无法了解有哪些融资工具、融资渠道，什么样的融资方式才是最适合企业的；就无法掌握直接融资和间接融资、风险投资和天使投资的区别；也就很难顺利解决融资难题，甚至为此支付很多不必要的费用。

5.1.1 企业为什么要融资

广义上的融资指的是货币资金的融通，企业、单位或个人可以通过多种方式到金融市场上去筹集资金或放贷。

从现代经济发展的角度来说，融资伴随着企业的整个发展历程，因此创业者应当深刻、全面地了解金融知识、融资知识等。企业发展少不了资金，而融资是企业资金的最主要的来源。

狭义上的融资指的是企业进行资金筹集的行为和过程，即企业根据自身的实际情况，包括经营状况、资金状况、发展需求等，经过科学的预测后采取某种方式筹集资金，以满足企业的实际需求。

通常，企业融资的主要目的如图 5-1 所示。

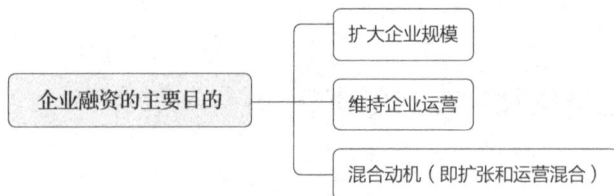

图 5-1　企业融资的主要目的

初创企业先天不足，其融资难度较大。初创企业融资难的原因包括规模小、无经营记录、风险承受能力差等，如图 5-2 所示。

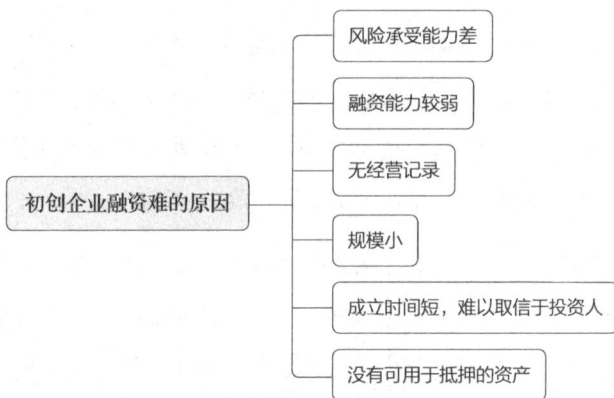

图 5-2　初创企业融资难的原因

基于这些原因，初创企业的创始人更应掌握融资知识，了解常用的融资渠道和融资工具，掌握与时俱进的融资方式，以顺利解决企业发展道路上的融资难题。

5.1.2　直接融资

按照是否与金融机构接触、是否有金融中介机构介入，融资可分为直接融资和间接融资两种类型。

没有金融中介机构参与的融资，即为直接融资，如发行债券。直接融资的特点如图 5-3 所示。

有金融中介机构参与的融资，即为间接融资，如从银行融资。

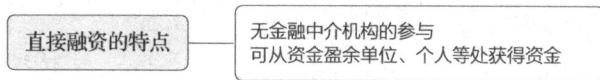

图 5-3　直接融资的特点

长期以来，企业融资以间接融资为主，即主要从银行获得贷款。由于银行等金融机构的风控很严格，因此这种方式很难解决中小企业的资金需求问题。虽然随着时代的发展，直接融资的比重在提升，但仍难以撼动间接融资的主导地位。

阻碍直接融资发展的因素主要是企业家对融资的认知不足，对融资手段不了解。在"大众创业，万众创新"的时代背景下，企业家已经逐渐意识到直接融资的重要意义，直接融资所占的比重将快速提升。

直接融资是指在某个期限内，有资金需求的企业与资金盈余的企业或个人等签订融资协议，从后者处获得所需的货币资金。其模式如图 5-4 所示。

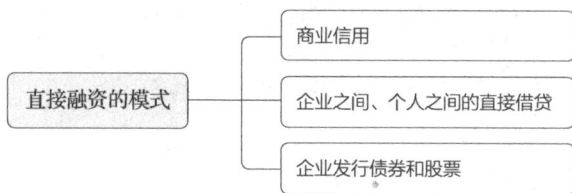

图 5-4　直接融资的模式

直接融资包括商业信用、企业发行债券和股票，以及企业之间、个人之间的直接借贷。

由于先天不足，中小企业很难通过发行股票和债券的方式进行融资，其多以商业信用和民间个人信用方式融资。商业信用和民间个人信用方式对比如表 5-1 所示。

表 5-1　商业信用和民间个人信用方式对比

	商业信用融资	民间个人信用融资
概念	指企业间在买卖商品的时候，通过提供商品来获得融资	指民间个人之间的资金融通

（续表）

	商业信用融资	民间个人信用融资
方式	应付账款融资、商业票据融资、预收货款融资	民间借贷、有价证券融资、票据贴现融资、企业内部集资
条件	具备商业信用基础，合作方有利可图，应谨慎使用这种方式融资	双方有合作意愿，遵守相关法律法规即可
优势	筹资便利、筹资成本低、限制条件少、选择余地大	借贷手续灵活、简便，双方同意即可完成借贷，到账迅速
劣势	期限较短、筹资数额较小，有时成本会较高	通常利率较高且资金数额小

直接融资的工具

很多中小企业的融资方式比较单一，以银行贷款为主，极大地限制了企业的发展速度和发展规模。下面介绍一些直接融资的工具，如图 5-5 所示，以期帮助中小企业和初创企业拓宽融资的范围，解决其所面临的资金短缺问题。

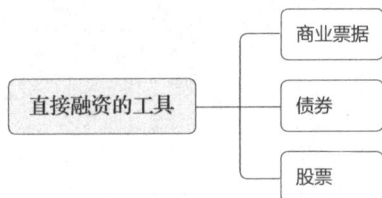

图 5-5　直接融资的工具

直接融资的工具主要有商业票据、债券、股票。

①商业票据。作为商业信用融资工具，商业票据是由金融公司或一些信用较好的企业所开具的无担保的短期票据。它是直接融资最主要的方式之一。商业票据的可靠程度通常与发行企业的信用度呈正比，是发行者信用的直接反映。

商业票据可由企业直接发售，也可以由经销商代售。它是一种使用较为普遍的金融工具。商业票据通常是不具名的，可以背书转让，也可以贴现。

商业票据的特点如图 5-6 所示。

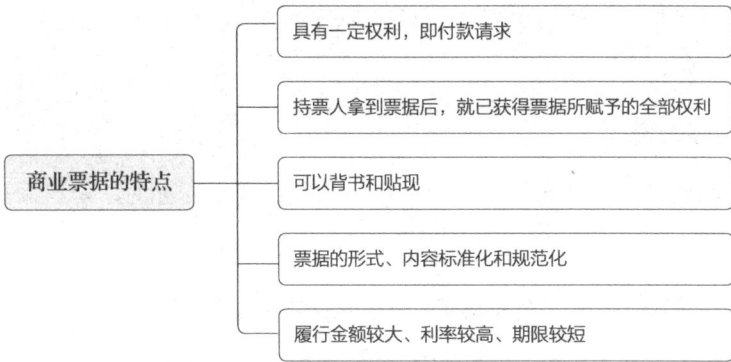

图 5-6　商业票据的特点

②债券。债券指发行者以筹集资金为目的，按照法律法规所指定的程序发起的，承诺按照约定的利率支付利息，同时到期后偿还本金的债权债务凭证。

债券的发行者可以是政府、金融机构，也可以是工商企业等。发行者为债务人，投资者为债权人。

其中，企业发行的债券称为企业债券，是目前企业融资最常用的工具之一，其优势和劣势如图 5-7 所示。

图 5-7　企业债券的优势和劣势

债券具有流通性，其因此成为现代经济活动中中小企业常用的融资工具之一。不过，企业在发行债券时要严格遵守相关法律法规，以免债券集资变成非法集资。

③股票。发行股票的主体为股份制企业，股票是股份制企业筹集资金的重要工具。股票指企业为了筹集资金而发给股东的，股东能以此持股凭证获得分红和股息的有价证券。

股票的流通性很强，可以买卖、转让、抵押等，是股份制企业资产的组成部分。这种融资方式对股份制企业很有利，股份制企业无须承担偿还资本的压力。

股份制企业可以通过增资扩股和股权稀释的方式进行融资。

5.1.3　间接融资

间接融资是指企业通过银行等金融机构获得资金的行为，它与直接融资相对应。

在这种融资方式中，企业与资金初始供应者之间没有直接的借贷关系，企业与资金初始供应者之间由金融机构来搭线。企业只需与金融机构打交道，通过金融机构的审核即可获得资金，而不需要征求资金初始供应者的同意。

间接融资在中小企业中很常见，是多数中小企业资金的主要来源。

间接融资的优势如图 5-8 所示。

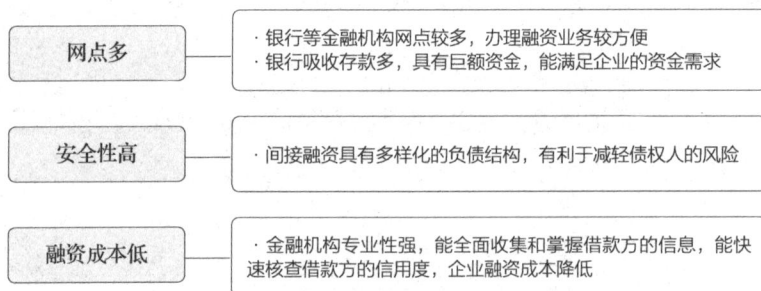

图 5-8　间接融资的优势

间接融资的主要方式有 3 种，即银行、保险、信托，如图 5-9 所示，其中以银行最为常见。

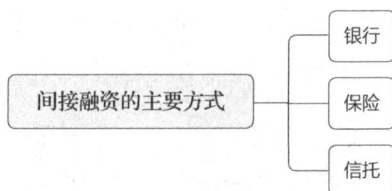

图 5-9　间接融资的主要方式

银行

随着时代的发展，虽然互联网金融、网上信贷等业务兴起，银行贷款仍在中小企业融资中占据着主导地位。

企业一旦有资金需求，第一个想到的融资方式就是找银行贷款。事实上，银行贷款确实为中小企业的发展提供了巨大的帮助。

银行贷款指根据相关的法律法规，银行将资金以一定的利率贷放给资金需求者，贷放者按照约定偿还利息和本金的经济行为。

目前常见的银行贷款方式有抵押贷款、质押贷款、保证贷款、个人信用贷款、小微信贷、创业贷款，其中小微信贷和创业贷款将在 5.1.4 小节中详细讲解。

①抵押贷款。抵押贷款指借款人将可用于抵押的物品作为保证向银行借款的行为。可用于抵押贷款的物品如图 5-10 所示。

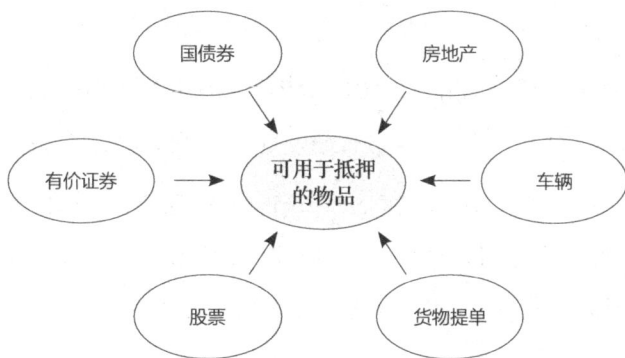

图 5-10　可用于抵押贷款的物品

只要借款人拥有能用于抵押的物品便可获得借款。常见的可用于抵押的物品有有价证券、国债券、房地产、车辆、货物提单、股票和其他各种具有价值的物品。

通常来说，抵押物品所具有的价值越高，借款人从银行所获得的借款额就越高，但根据规定，借款金额一般不超过抵押物品估价的 70%，而且借款的最高额度为 30 万元。

抵押贷款的借款人以中小企业为主，贷款期限最长不超过 5 年。

急需资金创业的人可以将个人消费贷款用于创业。如果创业需要购置房产，那么可以将拟购买的房子作为抵押物品，向银行申请抵押贷款。

抵押贷款的流程很简单，这里以房产抵押为例，其流程如图 5-11 所示。

询问房管局	·持房产证到当地房管局询问是否可办理房产抵押登记
向银行申请	·提交个人资料 ·填写资料，提交房产证
评估	·在银行指定的房产评估机构对房产进行评估，并向银行提交评估报告
房产保险手续、审批手续	·银行协助办理房产保险手续和贷款审批手续 ·通过审批后，即签订贷款合同和抵押合同
办理抵押登记手续	·持房产证、贷款合同到当地房管局办理抵押登记手续 ·缴纳相关费用
贷款成功	·抵押登记办理完成后，银行将贷款发放至借款人的账户

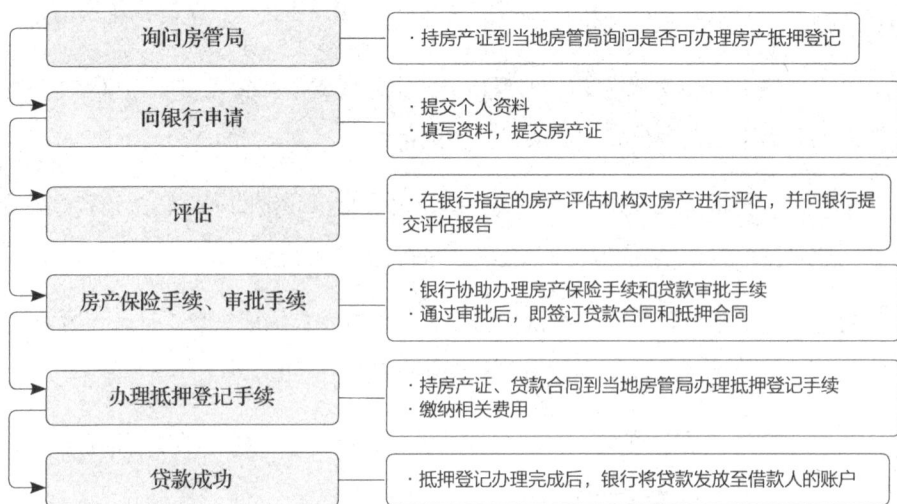

图 5-11 抵押房产贷款的流程

②质押贷款。质押贷款指银行按照《中华人民共和国担保法》相关规定以借款人或第三人的动产或权利作为质押物品，根据质押物品的估价发放的贷款。

可作为质押物品的有存单、国债、保险公司的保单、金融债券、AAA级企业债券等，借款人可凭借以上物品获得贷款。如借款人可将AAA级企业债券质押给银行，从银行获得贷款，然后按照约定归还利息和本金。

通常来说，存单质押贷款可获得存单总金额的80%的贷款；国债质押贷款可获得国债金额的90%的贷款；以保险公司的保单为质押物品贷款的，最多可获得当时现金价值的80%的贷款。

办理质押贷款的流程如图 5-12 所示。

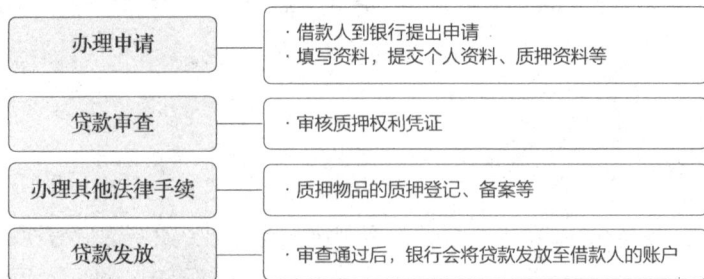

办理申请	·借款人到银行提出申请 ·填写资料，提交个人资料、质押资料等
贷款审查	·审核质押权利凭证
办理其他法律手续	·质押物品的质押登记、备案等
贷款发放	·审查通过后，银行会将贷款发放至借款人的账户

图 5-12 办理质押贷款的流程

③保证贷款。保证贷款指银行按照《中华人民共和国担保法》所规定的保证方式，在借款人无法按时归还贷款时，由第三人承担连带责任的一种贷款。

第三人即为保证人，有不可撤销的全额连带保证责任，其同时承担由贷款合同引起的民事责任。

创业者如果没有存单、债券等，也没有保险公司的保单，但是创业者的父母、配偶等有良好的职业和不错的收入，那么可以申请保证贷款。一般来说，颇受银行青睐的人群有医生、教师、公务员、金融行业从业人员、律师等。创业者如果可以找到这些行业的人做担保，将更容易获得保证贷款。

④个人信用贷款。个人信用贷款指以个人信用状况为担保向银行申请的一种贷款。

申请这种贷款的条件很简单，借款人有第二代身份证、有稳定的收入证明等材料即可获得贷款。不过此类贷款有用途限制：不得将资金用于中国证监会禁止的证券、生产等领域。因此借款人采用这种方式贷款时需要向银行提交资金用途证明。

此类贷款通常贷款金额较少且期限不超过一年。

5.1.4　银行特色贷款产品

多数中小企业由于生产规模较小、管理水平低、财务混乱、风险抵御能力差、无抵押、无担保，甚至存在账表虚假、产品档次较低、市场竞争力较弱、技术落后等问题，很难从银行获得贷款。

因此，中小企业成了银行"最不待见"的客户。不过随着时代的发展，银行也在逐渐放开对中小企业的融资门槛，一些管理好、经营好的中小企业可以顺利从银行获得贷款。

目前，银行针对中小企业的贷款产品以小微信贷和创业贷款为主。

1. 小微信贷

小微信贷是银行针对中小企业推出的信贷业务。

其特征可用"短、小、频、急"来概括，"短"指短期，"小"指资金数额小，"频"指次数多，"急"指到账速度快。

中小企业只要满足以下条件，便可向银行申请小微信贷。

·企业运营遵守法律法规。

·运营状况良好，有持续经营能力和获利能力，企业的财务相对透明，没有太多的负债等。

·企业信用状况良好。银行会查阅企业以往的还债记录，查看其是否及时还款，是否有逾期行为，是否有恶意不还款的行为。信用审核是小微信贷审核的重点。企业如果存在信用污点，那么其申请小额信贷的难度将大大增加。

中小企业申请小微信贷的流程如图 5-13 所示。

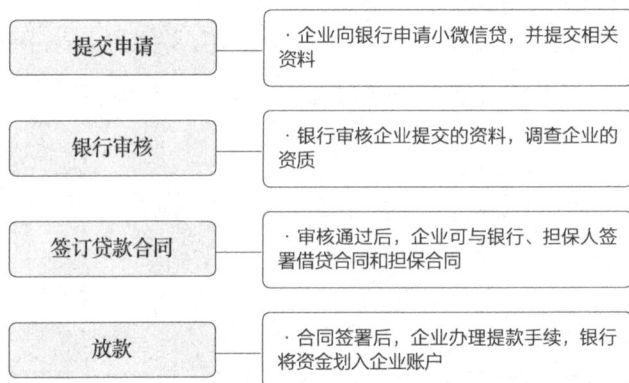

提交申请	·企业向银行申请小微信贷，并提交相关资料
银行审核	·银行审核企业提交的资料，调查企业的资质
签订贷款合同	·审核通过后，企业可与银行、担保人签署借贷合同和担保合同
放款	·合同签署后，企业办理提款手续，银行将资金划入企业账户

图 5-13　申请小微信贷的流程

目前绝大多数银行推出了针对中小企业的贷款业务，这里以中银信贷工厂为例，介绍符合条件的企业该如何申请银行小微信贷。

"中银信贷工厂"是中国银行专门为中小企业客户打造的服务品牌，通过"端对端"的工厂式"流水线"运作和专业化分工，提高服务效率；根据中小企业的经营特点与融资需求，丰富产品组合与方案设计，为广大中小企业客户提供专业、高效、全面的金融服务。

①中银信贷工厂的特点如下。

·实现"机构专营"。设立单独的中小企业专职机构，实现业务运作的专业化。

·打造"流程银行"。借鉴"工厂化"运作模式，重塑业务流程和管理体制，提高服务效率与水平。

·设计"专属产品"。以满足客户需求和改善客户体验为立足点，从中小企业轻资产现状出发，设计特色产品。

②向中银信贷工厂申请小微信贷的企业应满足以下几个条件。

·营业执照和贷款卡有效且经过年审。

·经营年限在两年以上。

·法定代表人 / 实际控制人的从业经验在 4 年以上。

·信用记录良好。

③中小企业向中银信贷工厂申请小微信贷的流程如下。

·借款人向中国银行当地分支机构提交授信申请及相关资料。

·中国银行对借款人进行资质审核。

·审批通过后，双方签署借款合同及相关协议文本。

·落实抵押、担保等用款手续，借款人提取贷款。

2. 创业贷款

创业贷款是以具有生产经营能力或已经从事生产经营的个人为对象发放的一种专项贷款。符合条件的个人、个体工商户、小微企业等因创业或再创业而向银行申请创业贷款，通过银行审核后，银行将发放贷款。

作为一种专项贷款，创业贷款的申请门槛很低，只要满足一定的条件即可申请。虽然各家银行的创业贷款的申请条件稍微有所区别，但从整体来说，申请人只需满足以下几项条件便可申请创业贷款。

·申请人应具有完全民事行为能力且年龄在 18 岁以上、50 岁以下。

·申请人应持有工商部门颁发的工商营业执照、税务登记证及相关的行业经营许可证。

·申请人所从事的经营活动符合法律法规的规定，项目具有市场竞争力或潜力。

·信用记录良好，没有违约、逾期的不良信用和债务记录，在中国人民银行个人征信报告中无不良信用记录，能够向银行提供可用于抵押、质押、保证的物品，包括个人房产抵押和商铺经营权质押等，具备可以按期偿还贷款利息和本金的能力。

·有固定的办公场所或经营场所。

·在贷款银行开立结算账户，通过贷款银行办理日常结算。

·贷款银行所要求的其他条件。

满足以上条件者，即可向银行申请创业贷款，但申请创业贷款需要资料来证明申请人确实具有申请创业贷款的资质。一般来说，创业者申请创业贷款需提交以下资料。

·申请人身份证、配偶身份证，婚姻状况证明。

·个人收入、家庭收入或其他能证明申请人财产状况的证明文件。

·营业执照、经营许可证等，其他协议、合同等。

·担保资料，包括抵押物品或质押物品的权属凭证和清单，或者所有权人同意申请人处置相关物品的证明、评估部门的估价报告。抵押方式很多，有动产、不动产抵押，也有定期存单、有价证券等的抵押。

申请人准备好资料后，便可按照流程进行申请，其流程如图 5-14 所示。

提交贷款申请 → 准备资料 → 银行审核 → 签署合同 → 发放贷款

图 5-14 创业贷款的申请流程

创业贷款的期限一般为 2 年，最长不超过 3 年，贷款利率可根据相关规定进行调整。偿还方式可采用等额本息还款法，也可采用等额本金还款法，还可以由双方商定其他还款方式。

目前，很多银行都设立了创业贷款，如工商银行的创业贷款、交通银行的创业贷款、深圳发展银行的创业宝、光大银行的个人助业贷款、中国银行的个人投资经营贷款等。

创业贷款中还有一个比较特殊的种类，即大学生创业贷款。

大学生创业贷款指银行等资金发放机构按照规定贷放给各高校学生的信用贷款，这类贷款无须担保，无须抵押。

大学生创业贷款是国家为了支持和鼓励大学生创业而出台的一项政策，涉及多个方面的优惠，如融资、创业培训、创业指导等。

只要符合申请条件的人都可以申请大学生创业贷款，申请条件如下。

·是应届毕业大学生或毕业两年内的大学生。

·学历要在大专以上。

·年满 18 周岁。

·有营业执照、经营许可证，有固定的办公场所和营业场所。

·申请人所投的项目除了贷款外，应有一定比例的个人自有资金。

满足以上条件的人，即可向银行申请大学生创业贷款，但申请时也需要提交相关资料，包括担保资料、抵押物品资料、还款能力证明、婚姻状况证明等，这些资料对贷款的额度会有一定的影响。

通常情况下，申请大学生创业贷款的流程如图 5-15 所示。

图 5-15　大学生创业贷款的流程

·提交申请。申请人可向大学生创业园管理服务中心申请创业贷款，并提交相关资料。大学生创业园管理服务中心会对申请人的资料进行初步审核。毕业生则可持相关资料到所在地的市人事局提交申请。

·审核。人事局联合财政局等相关部门对通过初次审核的申请人及申请金额进行再次审核，再审一般从企业规模、就业人数、产业导向等方面进行详细审核。

·公示。创业贷款审核通过后，相关部门通常要将创业贷款信息和贴息金额进行公示。公示地点为人事局和申请人所在的单位或小区，公示时间一般为 5 个工作日。

·核准。若公示期间无人对创业贷款信息和贴息金额提出异议，人事局便会下发核准通知。

·拨付。财政局根据核准通知书从大学生自主创业专项资金中将资金拨付给申请人。

大学创业贷款属于政府贴息贷款，享受贴息的期限最长为 2 年，2 年后则无此优惠。

根据贷款的期限不同，还款的方式也不同。通常期限在 1 年内的创业贷款，实施到期后偿还本金和利息的方式，一次付清；而对于期限在 1 年以上的创业贷款，则可以根据自身情况选择等额本息还款或等额本金还款方式，还可以商议其他还款方式。

5.2 多种融资途径，助你财源不"断"

"工欲善其事，必先利其器"，创业者唯有全面掌握融资渠道和融资工具，才能选出最符合企业实际情况的、最恰当的融资方案。

事实上，随着时代的发展，融资渠道和融资工具已变得十分丰富，企业有了更多的选择，融资难度大大减小，目前常见的融资途径如图 5-16 所示。

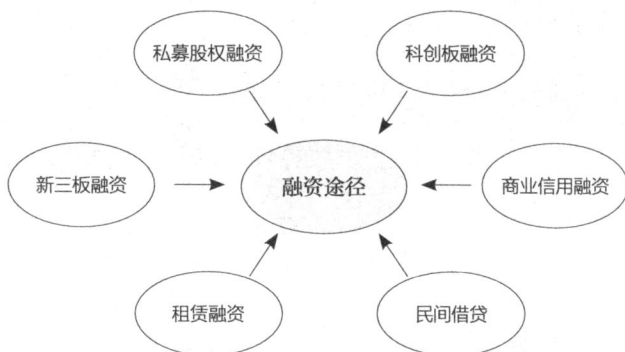

图 5-16　常见的融资途径

5.2.1　科创板融资

2019 年 1 月 28 日，中国证监会官网正式发布了《关于在上海证券交易所设立科创板并试点注册制的实施意见》，上海证券交易所（以下简称"上交所"）官网发布了相关上市规则，备受瞩目的科创板正式落地。

科创板优先支持符合国家战略、拥有关键核心技术、科技创新能力突出的企业，主要依靠核心技术开展生产经营、具有稳定的商业模式、市场认可度高、社会形象良好、具有较强成长性的企业，都有机会在科创板上市。

2019 年 7 月 22 日，科创板正式开市，我国资本市场迎来了一个全新板块。科创板首批上市的 25 家公司的股票价格全线上涨。

2019 年 8 月 8 日，第二批科创板公司挂牌上市。

2019 年 11 月 18 日，北京金山办公软件股份有限公司正式在上交所科创板挂牌上市。

科创板的开通，对于创业者而言，多了一个融资路径和渠道，以科技创新为导向的成长型公司可以选择在科创板上市。

1. 上市条件

发行人申请首次公开发行股票并在科创板上市，应当符合科创板的定位，还需要满足以下条件。

·符合中国证监会规定的发行条件。

·发行后股本总额不低于人民币 3 000 万元。

·公开发行的股份达到公司股份总数的 25% 以上；公司股本总额超过人民币 4 亿元的，公开发行股份的比例为 10% 以上。

·市值及财务指标符合本规则规定的标准。

·交易所规定的其他上市条件。

2. 市值及财务指标

根据科创板"审核规则"，发行人申请股票首次发行时应至少满足下述 5 项标准中的一项。

·预计市值不低于人民币 10 亿元，最近两年的净利润均为正且累计净利润不少于人民币 5 000 万元，或者预计市值不少于人民币 10 亿元，最近一年的净利润为正且营业收入不少于人民币 1 亿元。

·预计市值不低于人民币 15 亿元，最近一年的营业收入不少于人民币 2 亿元，且最近 3 年研发投入合计占最近 3 年的营业收入的比例不低于 15%。

·预计市值不低于人民币 20 亿元，最近一年的营业收入不少于人民币 3 亿元，且最近 3 年经营活动产生的现金流量净额累计不少于人民币 1 亿元。

·预计市值不少于人民币 30 亿元，且最近一年的营业收入不少于人民币 3 亿元。

·预计市值不少于人民币 40 亿元，主要业务或产品需经国家有关部门批准，市场空间大，目前已取得阶段性成果，并获得知名投资机构一定金额的投资。医药行业企业需取得至少一项一类新药二期临床试验批件，其他符合科创板定位的企业需具备明显的技术优势并满足相应条件。

3. 上市的好处及流程

企业若满足上述条件，便可以申请挂牌上市。与主板、创业板较长的等待之路相比，企业在科创板挂牌上市只需要 3~6 个月的时间。了解了企业进入科创板所需要的条件后，接下来我们再来看看科创板上市给企业带来的好处，如图 5-17 所示。

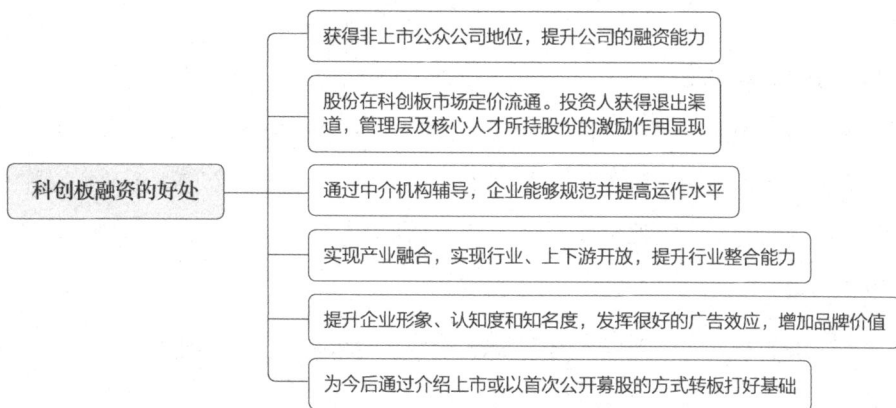

科创板融资的好处
- 获得非上市公众公司地位，提升公司的融资能力
- 股份在科创板市场定价流通。投资人获得退出渠道，管理层及核心人才所持股份的激励作用显现
- 通过中介机构辅导，企业能够规范并提高运作水平
- 实现产业融合，实现行业、上下游开放，提升行业整合能力
- 提升企业形象、认知度和知名度，发挥很好的广告效应，增加品牌价值
- 为今后通过介绍上市或以首次公开募股的方式转板打好基础

图 5-17　科创板上市给企业带来的好处

满足了挂牌条件后，企业还要知道申报科创板的具体流程。除了必须经历的 3 个环节机构"保荐人、上交所、证监会"外，企业要想成功申报科创板还需要经历以下 6 个步骤，如图 5-18 所示。

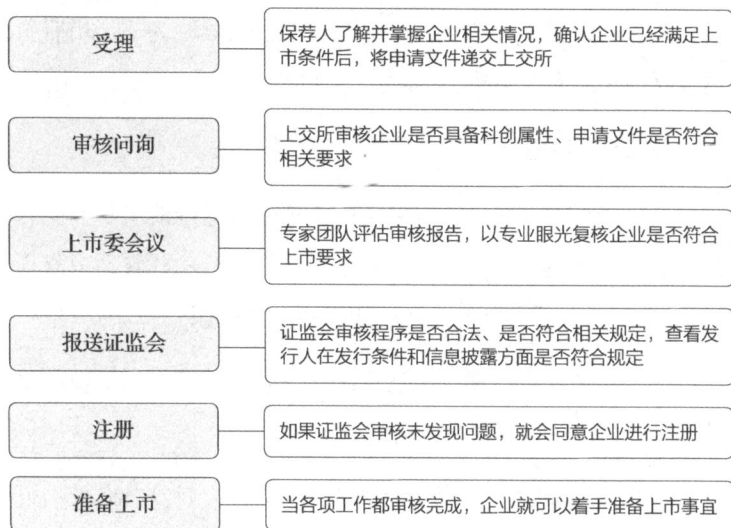

步骤	说明
受理	保荐人了解并掌握企业相关情况，确认企业已经满足上市条件后，将申请文件递交上交所
审核问询	上交所审核企业是否具备科创属性、申请文件是否符合相关要求
上市委会议	专家团队评估审核报告，以专业眼光复核企业是否符合上市要求
报送证监会	证监会审核程序是否合法、是否符合相关规定，查看发行人在发行条件和信息披露方面是否符合规定
注册	如果证监会审核未发现问题，就会同意企业进行注册
准备上市	当各项工作都审核完成，企业就可以着手准备上市事宜

图 5-18　申报科创板的流程

从证监会审核完毕同意企业注册之日开始计算，企业可在一年内根据自身情

况选择在合适的时机发行股票。所以，保守估算，企业从报送相关资料提交申请到最后完成审核及成功注册，中间会经历 3 ~ 6 个月的时间。

5.2.2　新三板融资

新三板是相对于"旧三板"而言的，是针对中小企业推出的，原指中关村科技园区非上市的股份有限公司进入代办股份系统进行转让。因挂牌企业和以往的转让系统内的退市企业及原 STAQ、NET 系统的挂牌公司不同，因而被称为"新三板"。

新三板的准入门槛很低，而且无须审核企业的财务状况，因此新三板一出现便成为中小企业的热门融资选择。

根据规定，中小企业只要满足以下条件，便可以申请挂牌。

·必须是非上市的股份制企业（股东人数不超过 200 人的股份制企业，可以直接向全国中小企业股份转让系统申请挂牌；股东人数超过 200 人的股份制企业，则需证监会批准后再申请挂牌）。

·依法建立且存续时间超过两年（有限责任公司改制为非上市股份公司，其存续时间可以从原先的有限责任公司成立之日起算）。

·企业业务明确，专注主营业务且能持续经营下去。

·治理规范，制度健全，合法经营（中小企业融资难的一部分原因是其自身的体制不健全、管理体制不完善；很多中小企业采取经验式管理或家族式管理，无法科学决策，财务制度不健全，导致管理混乱、内耗极大）。

·股权清晰，转让和发行要符合法律法规（股权不能存在法律纠纷，因为新三板是以"股"为单位进行转让和发行的）。

·符合主办券商的要求（企业需由主办券商审核，对符合要求的企业出具推荐报告）。

·符合全国中小企业股份转让系统的要求。

企业符合上述条件便可提出挂牌申请，不过在上市前，通常要进行改制。在主板、创业板等上市需两三年的时间，而新三板从企业改制到顺利挂牌只需 6 个月左右的时间。

新三板挂牌上市对企业的意义如图 5-19 所示。

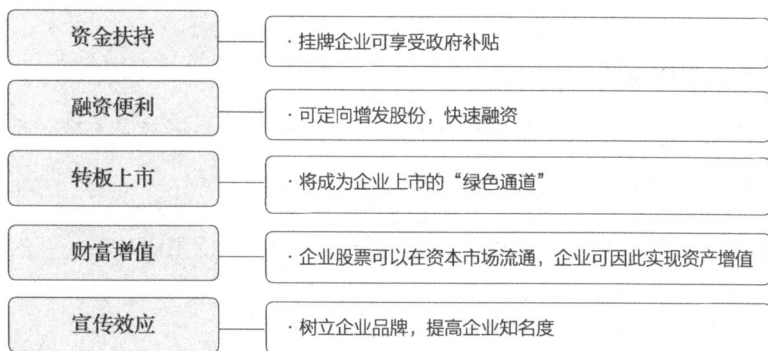

资金扶持	· 挂牌企业可享受政府补贴
融资便利	· 可定向增发股份，快速融资
转板上市	· 将成为企业上市的"绿色通道"
财富增值	· 企业股票可以在资本市场流通，企业可因此实现资产增值
宣传效应	· 树立企业品牌，提高企业知名度

图 5-19　新三板挂牌上市对企业的意义

满足企业挂牌的条件后，企业便可申请挂牌上市。新三板上市的流程如图 5-20 所示。

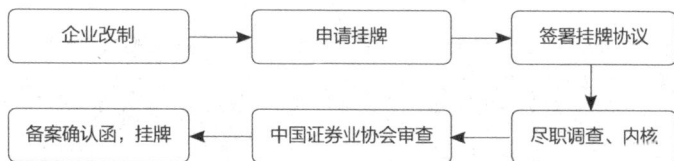

企业改制 → 申请挂牌 → 签署挂牌协议
备案确认函，挂牌 ← 中国证券业协会审查 ← 尽职调查、内核

图 5-20　新三板上市的流程

在挂牌前，首先要看企业的类型是否为股份制企业；如果不是，则需进行改制。

企业运营要合法化，财务要透明化，管理要科学化。如果企业采用家庭式管理、经验式管理、财务不透明等落伍的管理方式，则无法顺利挂牌。

和主办券商签订挂牌协议，然后按照其规定提交相应的资料。

主办券商对资料、企业实际状况等有尽职调查之责，包括调查市场状况、企业资金状况、企业管理状况等。对不符合规定的企业，主办券商则督促企业进行整改。

调查结束后，主办券商出具推荐报告。推荐报告的内容包括尽职调查的情况、推荐意见等。

企业将推荐报告和资料上报中国证券业协会审核。审核通过后，中国证券业协会会出具备案确认函给主办券商。

5.2.3　私募股权融资

私募股权融资，即常说的 PE（Private Equity），是指尚未上市的企业使用不向社会公开的方式，而向特定的投资人进行融资的行为。

它和公募股权融资是相对的，公募股权融资指企业使用向社会公开的方式，面向社会大众进行融资的行为。

私募股权融资可分为广义私募股权融资和狭义私募股权融资两种。前者发生在企业尚未公开进行权益性融资前的各个阶段，如种子期、初创期、发展期、扩展期、成熟期等，而后者则指企业在成熟期进行的融资。

银行贷款融资、私募股权融资及公募股权融资的对比如表 5-2 所示。

表 5-2　银行贷款融资、私募股权融资及公募股权融资的对比

	银行贷款融资	私募股权融资	公募股权融资（上市）
主要面对对象	所有企业，但以大型企业为主	中小微企业	达到中小板或创业板上市条件的企业
融资资金额度	较高	较低	最高
融资的难易程度	较难	较易	较难
融资成本	较低	最高	较高
给企业带来的影响	较弱	最强	较强
投资方所承担的风险	较低	最高	较高
条件要求及限制	较低	最低	最高

由表 5-2 可知，银行贷款融资、公募股权融资对中小企业来说难度较高，私募股权融资是三者中最适合中小企业的融资方式。

私募股权融资的优势如图 5-21 所示。

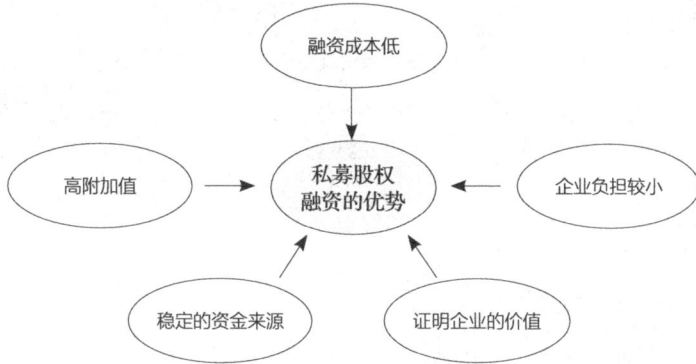

图 5-21　私募股权融资的优势

私募股权融资是对中小企业融资渠道的补充和完善。很多企业已通过私募股权融资的方式成功融资，获得了企业发展所需的资金，得以快速发展。

一般而言，私募股权融资的工作流程包括以下 4 个步骤。

1. 前期准备工作

第一步是前期准备工作，具体内容如表 5-3 所示。

表 5-3　前期准备工作

工作流程	详细内容
会议讨论	是否需要引入私募投资者
明确融资的数额、用途	企业资金缺口有多少，资金用途是什么
成立融资项目小组	通常由企业高层组成，另外还需要专业的律师、会计师、资产评估师等的帮助
相应的文件	如谈判条件（私募投资）、选择投资方的标准等

2. 筛选投资人及签订框架性协议

第二步是筛选投资人及签订框架性协议，具体内容如表 5-4 所示。

表 5-4　筛选投资人及签订框架性协议

工作流程	详细内容
筛选私募投资者	根据企业目前的情况、融资资金额度、融资用途等筛选合适的投资者
框架性协议签订	初步敲定一两家有意向的投资者，与其签订框架性协议，应该将估值方式、交易的方式及融资后的后续管理等内容都写进协议里，以免将来因此产生矛盾
所需时间	耗时大约两个月

3. 尽职调查和投资谈判

第三步是尽职调查和投资谈判，具体内容如表 5-5 所示。

表 5-5　尽职调查和投资谈判

工作流程	详细内容
尽职调查	指由专业机构对企业成立以来的状况进行调查，涵盖市场、风险、管理、人事、技术、管理人员的背景、法律文件等多个方面的内容，采用实地调查、资料收集等调查方式。由于各个企业的情况不同，因而所需调查时间也不一样，不过一般在一两个月内即可完成调查 调查人员通常由企业人员、投资方人员或中介机构人员等组成
投资谈判	尽职调查结果取得双方认可后，双方则应以此为依据，根据框架性协议的要求进行谈判 企业应解释调查报告中所存在的问题，如财务问题等，并给出相应的解决方案，以取得投资方的认可 最易引起争议的是企业的估值，如果双方对企业的估值差异太大，难免会有一番争论，此时企业应强调自己的潜力、光明的市场前景等，以争取获得高估值
所需时间	谈判时间不定，可能持续一周，也可能持续数月，最长可达一年

4. 执行协议

第四步是执行协议，具体内容如表 5-6 所示。

表 5-6　执行协议

工作流程	详细内容
签订融资协议	签署协议
报批	有些交易需上报有关部门审批，如工商行政管理部门等
所需时间	不定

（续表）

工作流程	详细内容
资金到位	五六个月时间，资金便可到位。当然，如果聘请的律师富有经验，则能大幅减少所需时间
执行融资协议	获得融资后，企业则可开展生产、研发产品等活动

5.3　网络时代的融资新玩法

时代在发展，融资工具和融资渠道也在与时俱进。企业如果固守过去的融资观念，不掌握最新的融资新"玩法"，便可能错失融资的机遇，甚至给企业的日常运营带来很大的影响。

网络时代下的融资新玩法如图 5-22 所示。

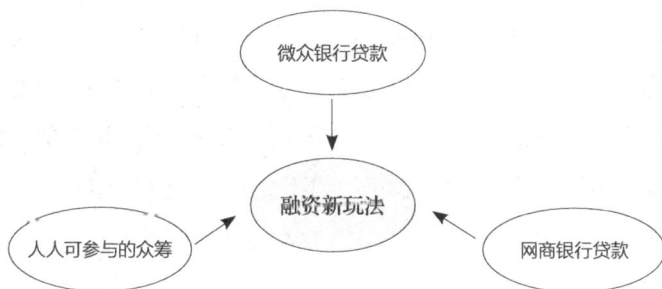

图 5-22　网络时代下的融资新玩法

5.3.1　网商银行贷款

2019 年 9 月 10 日，在阿里巴巴 20 周年年会上，马云发表了自己的卸任演讲，他说："强大的公司是由商业能力决定的，好公司是由担当、责任和善良决定的，阿里不愿意做一家只能挣钱又平庸的公司，只希望在百姓心里，我们是一家好公司。"

马云的这番话不仅代表着阿里巴巴的经营理念，也代表着网商银行的发展理念。时隔不久，蚂蚁金服集团首席执行官、网商银行董事长胡晓明在接受《每日经济新闻》的记者采访时也引用了马云的话，他不希望网商银行成为一家只会赚钱但平庸的银行，他希望的是，有一天，中国的小微企业、小店老板们可以说："我们生活在全世界小微企业贷款最便捷的国家。"

说到网商银行，大家应该不会感到陌生。网商银行是由阿里巴巴集团旗下的蚂蚁金服作为最大股东，发起并设立的国内第一家核心系统基于云计算架构的商业银行，于 2015 年 6 月 25 日正式开业。作为中国银保监会批准成立的国内首批 5 家民营银行之一，网商银行的股东除了蚂蚁金服外，还有上海复星、宁波金润和万向三农集团。

网商银行的经营范围较广，包括吸收公众存款，发放短期、中期和长期贷款，发行金融债券，从事银行卡业务，提供信用证服务及担保，代理收付款项及代理保险业务，等等。

众所周知，小微企业一直以来都因得不到各大银行重视，而面临着贷款难、融资难的问题。背靠阿里巴巴和蚂蚁金服的网商银行，却有别于传统银行，它以服务小微企业、践行普惠金融、支持实体经济为使命，从发展之初便立志做普惠金融的实践者和互联网银行的探索者。它不仅深入许多融资困难的中小企业，打破了中小企业不被银行重视的尴尬局面，还为中小企业和个人创业者提供了高效、便捷的金融服务。

网商银行对自己的定位非常清晰：只服务于 100 万元以下的客户，贷款额度不能大于 100 万元。这一清晰明确的定位，弥补了传统银行在这一方面的不足。除此之外，网商银行独创的"310"贷款模式也收获了一致好评，并被其他金融机构复制并运用。"310"贷款模式之所以如此受欢迎，是因为它"3 分钟申贷、1 秒钟放款、全程 0 人工介入"，极大地缩短了小微企业申请和等待贷款的时间，用户可以随时随地通过手机端和网页端享受 7×24 小时的金融服务。

小微企业申请网商银行贷款需要满足以下几个条件，如图 5-23 所示。

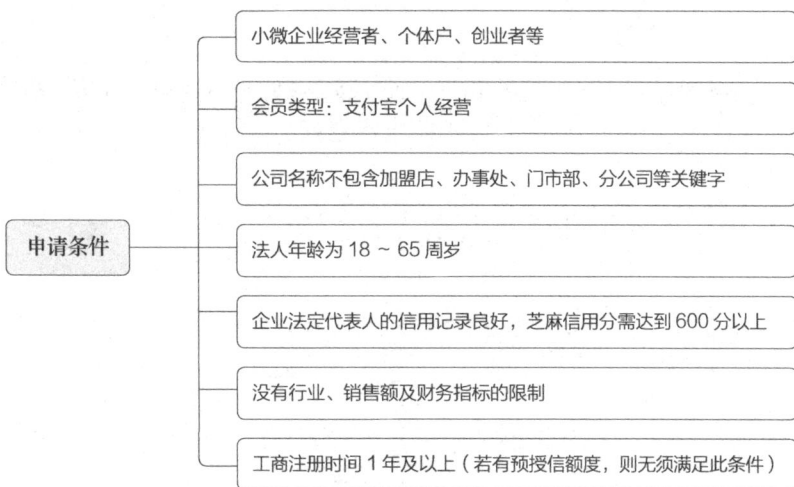

申请条件
- 小微企业经营者、个体户、创业者等
- 会员类型：支付宝个人经营
- 公司名称不包含加盟店、办事处、门市部、分公司等关键字
- 法人年龄为 18 ～ 65 周岁
- 企业法定代表人的信用记录良好，芝麻信用分需达到 600 分以上
- 没有行业、销售额及财务指标的限制
- 工商注册时间 1 年及以上（若有预授信额度，则无须满足此条件）

图 5-23　申请网商银行贷款需要满足的条件

若以上条件都能满足，企业就可以申请网商银行贷款，其流程如图 5-24 所示。

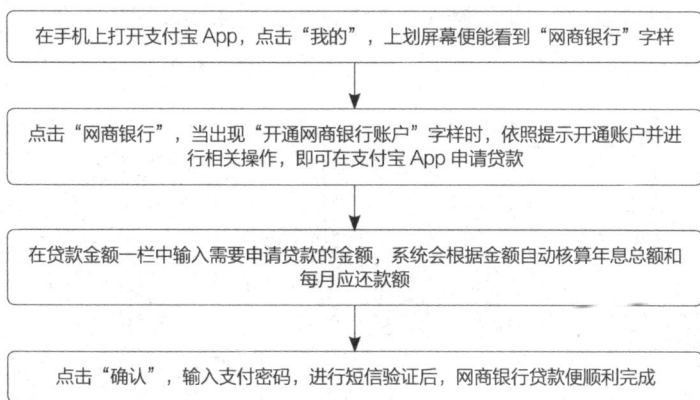

在手机上打开支付宝 App，点击"我的"，上划屏幕便能看到"网商银行"字样

点击"网商银行"，当出现"开通网商银行账户"字样时，依照提示开通账户并进行相关操作，即可在支付宝 App 申请贷款

在贷款金额一栏中输入需要申请贷款的金额，系统会根据金额自动核算年息总额和每月应还款额

点击"确认"，输入支付密码，进行短信验证后，网商银行贷款便顺利完成

图 5-24　申请网商银行贷款的流程

申请网商银行贷款的流程简单易操作，如果企业符合条件，整个放款过程花费的时间不超过一分钟，真正实现了用户贷款的方便与快捷。网商银行相关数据显示，网商银行自开办以来已经累计为 1 227 万家小微企业提供了金融贷款服务。

2018 年，网商银行的营业额达到了 62.8 亿元，纯利润更是达到了 6.7 亿元。

从上面这些数字中我们可以看出普惠金融背后的含义。普惠金融，意在让越来越多的小微企业和个人创业者，在信用良好的前提条件下，享受网商银行贷款所带来的方便与快捷。

除了贷款时需要注意一些事项外，通过网商银行还款时也要注意一些事项，如图 5-25 所示。

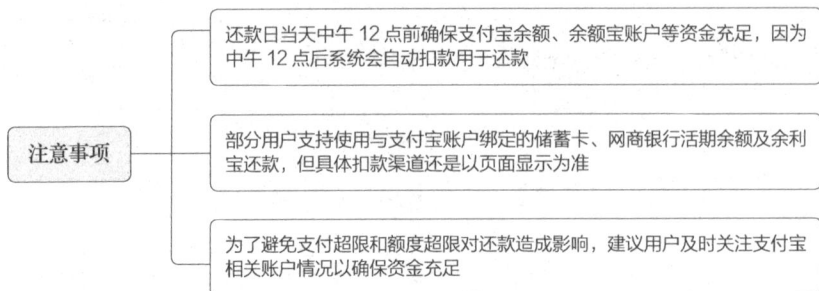

图 5-25　网商银行还款时的注意事项

实际操作可参考下面的申请贷款流程。

①在浏览器地址栏中输入网商银行的网址，进入网商银行主页面，将鼠标指针指向标题栏中的"借钱"，单击网商贷，将出现如图 5-26 所示的页面。

图 5-26　网商银行主页面

②这里以支付宝为例进行讲解，单击"我是支付宝会员"便会出现如图 5-27 所示的页面，然后输入账户和密码登录即可。若你没有账户，则需要先注册一个

账户，如图 5-28 所示。

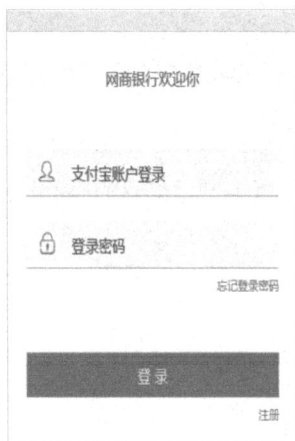

图 5-27　登录页面

图 5-28　注册页面

③在新打开的页面上按照要求如实填写信息，如图 5-29 所示，贷款用途也要填写。填写完毕后，单击"立即申请"。"申请额度"一栏只能填写 2 ~ 100 的数字。

图 5-29　贷款申请填写

④申请提交后，则会出现申请成功通知页面，之后，阿里信用贷款的客户经理会根据填写的资料联系申请人。

⑤贷款审核通过后，则进入合同签署等流程，借款人按照要求去处理即可。

⑥还款时要注意，在还款日，借款人的支付宝账户上应有充足的余额，平台会自动扣款；借款人可在贷款后台查看还款日期，以免错过最后的还款日期，产生不必要的逾期罚金等。

5.3.2　微众银行贷款

微众银行是由腾讯、百业源、立业等多家知名企业联合发起设立的国内第一家民营银行，其总部位于广东深圳，注册资本为 42 亿元。微众银行致力于为广大小微企业提供优质便捷的差异化金融服务，其旗下产品有微粒贷信用贷款服务、微车贷消费贷款服务及微业贷纳税人贷款服务等。

"微粒贷"是微众银行成立后推出的第一款互联网小额信贷产品。这款产品自 2015 年在 QQ 平台和微信平台陆续上线后，就为广大用户提供了方便快捷的贷款服务。不过，微粒贷并不是人人都能享受的金融服务，目前它采用的是邀请制模式，用户无法自行开通，需要得到官方的邀请码才能进入。

"微车贷"主营消费贷款服务，是一款"互联网＋汽车金融"产品，主要为购车、用车、养车消费群体和汽车服务商提供服务，解决他们在金融方面遇到的各种难题。

与前面两款产品不同的是，"微业贷"是微众银行专门为中小微企业量身打造的一款纳税人贷款服务产品。这款线上流动资金贷款服务产品，省去了用户四处奔波的烦恼，用户无须抵质押，直接在网上就可以申请贷款，整个过程便捷高效，可快速获得额度，资金快速到账。最重要的是，微业贷按日计息，用户可以随借随还，免去一些不必要的麻烦。

便捷高效是微众银行的服务宗旨，而它的开户流程也十分简单、易于操作。其具体操作流程如图 5-30 所示。

图 5-30　微众银行的开户流程

微粒贷、微车贷和微业贷的贷款条件各不相同，本节着重介绍微业贷。微业贷有四大特点，如图 5-31 所示。

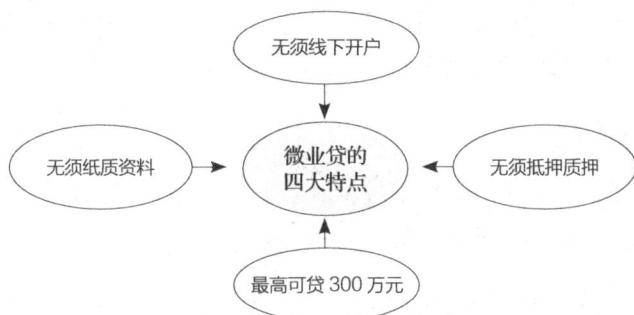

图 5-31　微业贷的四大特点

微业贷的主要服务对象是中小微企业纳税人，其申请门槛较低。申请者只要满足以下条件就可以申请微业贷。

·申请者须为公司法人，公司经营状况良好。

·申请者的个人征信记录良好。

·公司成立两年以上且没有不良缴税记录。

只要满足以上条件，借款人便可以持自己的身份证进行认证，认证信息包括姓名、身份证号码、联系方式等。认证通过后，借款人就可以用纳税人识别号和密码去申请贷款。

1. 申请与登录

微业贷的申请渠道主要有 3 种："微众银行企业金融"公众号，微众银行官网 https://www.ebank.com 首页——"企业金融"页面，深圳市国税局网上办税服务大厅。申请者可以在这 3 种渠道中任意选择一种渠道提交申请。

目前，微业贷只开放了河北省、广东省、江苏省、湖南省、山西省、河南省、重庆市、安徽省、云南省、江西省、天津市、陕西省、浙江省、福建省等省份客户，其他省份正在逐步开放中。申请者在申请前需要关注一下自己所在的省份是否开通了微业贷，避免空欢喜一场。

以"微众银行企业金融"公众号为例，首次登录微业贷的借款人，只需关注此公众号，便可从"贷款／贴现"菜单进入企业注册流程。注册过程中，如果显示身份验证失败，借款人需第一时间检查姓名、身份证号、个人手机号等相关信息是否与银行预留一致。若相关信息与预留一致却还是显示验证失败，借款人可以拨打微众银行咨询服务热线4009998866，进行询问。

2. 授信及额度

当借款人身份验证完成并注册成功后，便会进入授信申请页面，此时，借款人可单击页面上显示的"申请核额"进入审批环节。

在此之前，企业借款人需要签订3份文件，一份是《征信授权协议》，签订此协议的目的是便于微众银行查询企业借款人在各银行的征信记录；另一份是《数据使用授权书》，签订此授权书是为了系统查询企业的税务信息，方便微众银行对企业做出评估；第三份是《保证担保合同》，此合同是微众银行用于企业法人对贷款承担连带责任而专门设定的保证书。

一般来说，微业贷对企业借款人的授信审核时间不会超过30分钟，特殊情况下，时间会有所延长。授信审核结果出来以后，微业贷通常会以短信方式将结果告知申请人。

当然，授信申请过程中可能会出现企业法人信用记录良好却无法获得授信的情况，这是因为微业贷采用的审核系统是以多维度的大数据为参照依据的，个别情况可能覆盖不到。不过，即便出现这种情况借款人也不用担心，只要持续保持良好的信用记录，3个月后还可以再次申请。

微业贷依据多维度的大数据对借款人的企业进行相关评估，只要符合贷款条件，微业贷的贷款额度最高可达300万元。在此过程中，若借款人对系统核定的贷款额度和日利率有任何不满意的地方，都可以在之后的某一时间段内再次申请。

3. 企业借款

微业贷审核发放的每笔借款，期限均为一年，在一年借款期限内，借款人可以随借随还。借款利息则按日计算，日利率一般为 0.03% ~ 0.05%。通常，借款人在额度核定成功后便可知道实际的贷款利息。微业贷的每日利息的计算公式如下所示。

每日利息 ＝ 剩余未还本金 × 日利率

一般情况下，借款人的借款时间不受其他条件限制，只要申请成功，所借款项便会在 30 分钟内快速到账。个别情况下，可能由于处于非工作日或非工作时间，支付渠道无法正常支付，这时便会顺延至下一个工作日到账。为了避免这种情况出现，建议借款人在正常工作日的 9:00-17:00 发起借款，以保证借款顺利到账。

当日申请借款后，若系统显示借款成功，但资金未及时到账，微业贷工作人员会将这部分的利息予以减免。所以，借款人不用担心借款未到账系统就已计算利息。

在微业贷提款成功后，系统会自动将提款成功的消息以微信或短信的方式发送给借款人。除此之外，借款人还可以在"微众银行企业金融"公众号中查询自己的借款状态，借款状态分为以下 5 种，如图 5-32 所示。

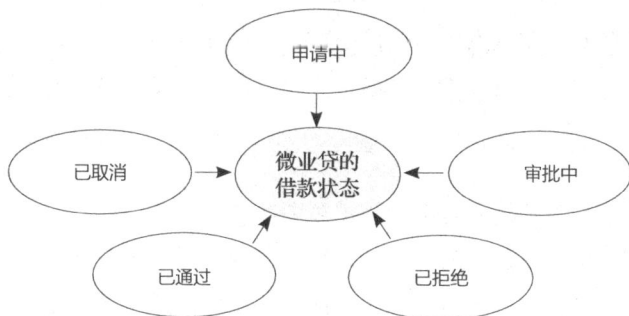

图 5-32　微业贷的 5 种借款状态

借款人可以随时取消借款状态为"申请中"的贷款申请。

4. 企业还款

目前，微业贷也支持分期还款，借款人可根据自己的情况自主选择还款期数，分 12 期、24 期、36 期还款都可以。在借款期限内，系统按日计息，借款人可以随借随还。

对于还款日的确定，微业贷一般将企业首笔借款的发放日视为还款日，借款人无权更改。如某企业首笔借款的发放日为 2 月 25 日，那么还款日则为每月 25 日。

按时还款不仅有助于借款人积攒良好的信用记录，同时也方便借款人今后再次贷款。若逾期还款，不仅会给借款人的征信记录留下污点，还会产生逾期利息。

逾期利息 = 逾期本金 × 日利率 × （1+50%）× 逾期天数

上述计算式表明，微业贷将按照借款利息上浮 50% 的金额按日收取逾期利息。当然，微业贷会根据借款人的相关情况以微信或短信通知等形式给借款人发送系统通知、还款提醒、还款通知、提款通知、逾期通知等信息，借款人只需稍加注意便可避免逾期。

借款人能够按时还款，避免逾期是最好的，但若因为疏忽导致还款逾期，会在个人征信中留下不良记录。因此，借款人发现逾期后，应在确保还款账户余额充足的情况下，进入系统，在还款选项中单击"立即还款"，待系统扣款成功后，逾期还款状态则会恢复为正常状态。

5. 提前还款

为了避免逾期，借款人可以提前还款。提前还款之前，借款人可以登录微业贷系统还款界面，查询自己的应还款项。当核实无误后，借款人可以选择"提前结清"选项，并单击"确认"，系统扣款成功便代表所有借款已结清。

很多借款人会在还款之前担心手续费的问题，事实上根本不用担心。致力于为中小微企业提供金融服务的微业贷，除了收取一定的借款利息外，只要借款人能按时还款，便不会额外收取手续费。但有一种情况除外，当其他外部机构为借款人提供借款担保或保险服务时，微众银行会收取一定的手续费。

6. 法定代表人变更

在申请贷款期间，若公司发生变故，导致法人身份变更，之前借款借据所产生的担保关系并不会因此而发生改变，但公司的授信额度会因此受到影响，会被微众银行冻结。

7. 如何查询贷款合同

成功申请贷款后，借款人最关心的莫过于贷款合同，似乎紧握贷款合同才能算得上是真真正正的贷款成功。那么，如何查询贷款合同呢？很简单，借款人只要在微信进入"微众银行企业金融"公众号，在公众号里单击"更多"选项，然后依次选择"产品问答 – 问题分类 – 合同条款"，便可以看到自己的借款合同了。若借款人需打印合同，别忘了先下载下来再打印。

以上便是微业贷的相关情况。中小微企业在创业过程中若想顺利获得平台贷款，就要对微业贷的相关操作有一个清晰的认知和了解，这样才能做好准备工作，保证贷款顺利进行。

5.3.3 人人可参与的众筹

众筹指大众集资或群众集资，具有门槛低、多样化、依靠众人力量等特征，通常由发起人、跟投人、交易平台 3 部分构成。

发起人指有好项目或富有创造能力但缺乏项目启动资金的人，发起人的身份、地位等都不受限制，任何人都成为发起人。跟投人指投资人。交易平台指众筹平台。

经过多年发展，众筹已相对成熟，成为中小微企业融资的新方式，很多创业者都是通过众筹筹集到了创立企业的资金和企业运营所需的资金等。

普遍来看，众筹具有以下几个特征，如图 5-33 所示。

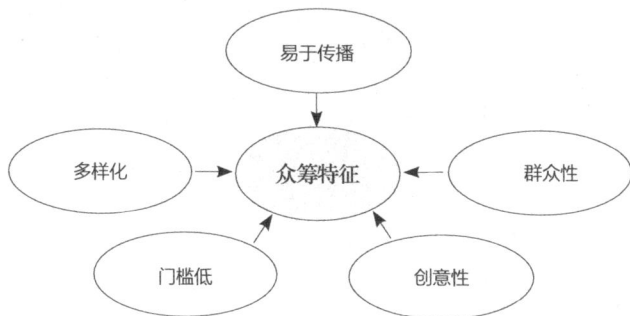

图 5-33　众筹的特征

通常来说，具有创意的项目更容易获得投资人青睐，但创意应以实际可行为基础，不能只是新奇的概念、点子等。

由于众筹是需要众人参与的，因此其能产生一定的传播效应，能够吸引更多人关注，这些人中存在潜在客户。

众筹是最近几年较为火热的词汇，众筹平台也纷纷出现，如淘宝众筹、京东众筹、百度众筹等。从募集资金的形式和收益方式来看，众筹可分为 3 种模式，如表 5-7 所示。

表 5-7　众筹的 3 种模式

捐赠众筹	投资人出于兴趣或其他目标而支持项目且不获取回报，如众筹网、追梦网
回报众筹	通过对项目进行投资获得产品或某种服务，如腾讯公益
股权众筹	以入股的方式进行投资，按投资数额确定股权比例，如天使汇、大家投

发起人可根据自身需求选择适合的众筹模式，但在提交众筹项目前，应先进行自查，包括对项目进行包装、财务分析、行业市场分析、客户来源分析、营销分析，在项目说明中应阐述所获得资金将用于何处及对支持者的回报等。

对发起人来说，众筹主要具有以下优势，如图 5-34 所示。

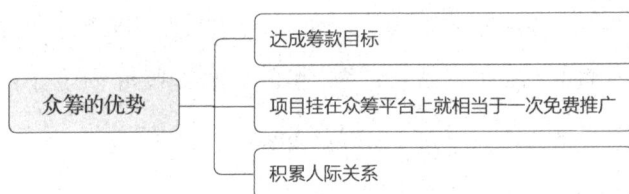

图 5-34　众筹的优势

第 6 章

精益管理：
让管理产生效益

团队建设并非一蹴而就，即使团队拥有优秀且互补的人才，在前进的过程中也难免会遇到各种困难，创业者要能够"见招拆招"，跨越团队成长道路上的障碍。

6.1 管理常识：做管理前应了解的知识

每年都有很多优秀人才在探讨什么是管理、管理中哪种策略最可行、哪种方式能起到激励员工的作用、哪些方法能化解企业目前的危机等，每年都有数不清的管理书籍上市，大学也开设了管理课程。然而，即使是掌握了许多管理理论知识的人，在实际运作中也会到处碰壁。

这是因为让管理者头疼的事并非"大事"，无须上升到理论的高度，他们头疼的是管理中一些常见的问题，如执行力缺失、沟通不畅、不懂授权等；还有管理常识上的问题，如管理的目的是提升效率、管理的核心是人、管理中的沟通非常重要等。

要想成为一名合格的管理者，首先应该了解管理常识。这些常识也许无法帮助管理者解决高深的管理难题，但能避免管理者出现低级错误。

6.1.1 什么是管理

管理指管理主体利用手中拥有的资源（包括人力、物力、财力、信息等），借助一些方法和技巧，最终顺利完成目标的过程。管理的要点如图 6-1 所示。

每一个组织都要管理好组织内的人员、资产、设备等，否则组织就会一团乱。每个人也是如此，需要管理好自己的饮食、健身、学习、事业、人际、健康、财富等，通过管理让自己变得越来越好。

因此，管理是现在社会最普遍、最常见的现象之一。

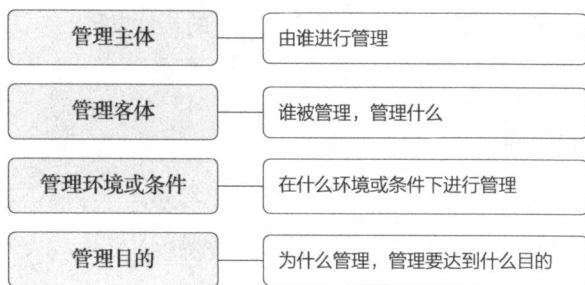

图 6-1 管理的要点

按照种类，管理可以分为行政管理、企业管理、人力资源管理、社会管理等多种类型，本节主要探讨企业管理。

企业管理指管理者对企业生产经营活动进行管理，通过组织、计划、协调、控制、谋划等方式或手段使企业顺利实施或完成目标。

一般来说，企业管理有以下几个方向：精简组织、制度化和规则化管理、激励管理、沟通开放化等。

·精简组织指通过管理减少企业的层级，让组织变得更简单，不只是让组织流程变得简单，对企业人员也要进行精简。

制度化和规则化管理是指将管理制度化和规范化，以文字或其他形式将规章制度记录下来，让大家明白管理细节，知道什么该做、什么不该做。

·激励管理指管理者在企业管理中运用激励理论，并在实践中形成多样化的激励内容和激励形式。很多企业之所以能不断吸引高端人才且员工离职率较低，就在于企业懂得运用激励管理，将员工的个人前途发展与企业的发展紧密联系起来，因此形成了极强的吸引力。

·沟通开放化。沟通是企业实现管理目标的必要手段，没有沟通，双方的意见就无法达成一致，管理者也无法进行有效管理。因此，管理者应注重管理中的沟通。

管理涉及企业运营的方方面面，也贯穿企业的整个运营过程，可以说从企业创立的那天起，创始人就要对企业进行管理。因此，管理是贯穿企业发展过程的重要内容，创始人应善于管理企业，以谋求企业的长远发展。

6.1.2　管理中的沟通

沟通无处不在。在生活中，我们需要与家人沟通，与朋友沟通；在工作中，我们需要与同事及其他人员沟通。沟通就像一座桥梁，将人与人连接起来。没有沟通，人就像是一座孤岛，人类社会也将成为"无源之水"。

管理者善于沟通，才能更好地"互通有无"，解决管理中的诸多问题，促使企业步入良性循环轨道。如果沟通存在障碍，信息就无法传递，管理者和员工就无法同心同德地完成工作任务。

本小节从沟通前的准备、沟通中的细节及沟通后的管理 3 个阶段来探讨管理者如何才能进行有效沟通。

1. 沟通前的准备

管理者应做好沟通前的准备工作，预测沟通中可能出现的问题，提前想好应对措施，以避免双方在沟通中"东扯葫芦西扯瓢"。

管理者最好能先列出一个大纲，其内容包括沟通的主题、沟通的要点、沟通的目的、沟通的方式等，明确先讲什么、后讲什么，做到心中有数。这样沟通起来才能有条不紊，既能节省双方的时间，又能获得良好的沟通效果，也能树立管理者的威严。

2. 沟通中的细节

沟通中的细节包括沟通地点、沟通的声音大小、对方的反应等。谈话内容应尽量贴合沟通目的，双方不要在气头上讲话，避免祸从口出，给管理带来难度。如果管理者或员工正处于气头上，那么应暂时停止沟通，等双方情绪平静后重新找时间进行沟通。

根据沟通对象的职位、年龄、文化背景、教育程度等的不同，沟通时应注意对行业术语的适当运用。总之，沟通要根据对方的情况进行，见什么人说什么话，确保对方能够准确理解自己的意图，避免出现管理者滔滔不绝，而对方却听不懂的尴尬局面。比如，物理学家跟同行讨论物理学原理，自由运用专业术语是合适的；但他如果跟普通人沟通就必须用通俗简单的语言来讲，以方便对方理解，从而获得更好的沟通效果。

3.沟通后的管理

双方谈话完毕，并不意味着沟通结束，管理者要确保对方能够完全理解沟通内容，并严格实施。因此，沟通结束后，管理者可以进行后续管理，如给对方发送一些与谈话内容相关的资料、要求对方根据谈话形成一份记录等。

另外，要想获得良好的沟通效果，除了做好上述准备外，管理者还应具备一些沟通技巧。通常来说，管理者需掌握的沟通技巧如图 6-2 所示。

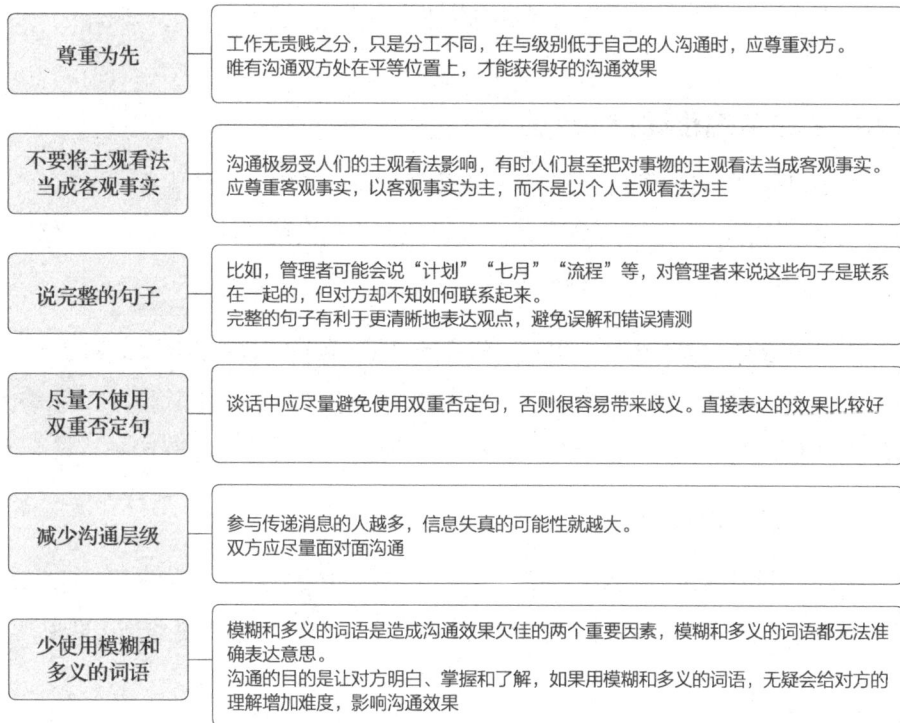

尊重为先	工作无贵贱之分，只是分工不同，在与级别低于自己的人沟通时，应尊重对方。唯有沟通双方处在平等位置上，才能获得好的沟通效果
不要将主观看法当成客观事实	沟通极易受人们的主观看法影响，有时人们甚至把对事物的主观看法当成客观事实。应尊重客观事实，以客观事实为主，而不是以个人主观看法为主
说完整的句子	比如，管理者可能会说"计划""七月""流程"等，对管理者来说这些句子是联系在一起的，但对方却不知如何联系起来。完整的句子有利于更清晰地表达观点，避免误解和错误猜测
尽量不使用双重否定句	谈话中应尽量避免使用双重否定句，否则很容易带来歧义。直接表达的效果比较好
减少沟通层级	参与传递消息的人越多，信息失真的可能性就越大。双方应尽量面对面沟通
少使用模糊和多义的词语	模糊和多义的词语是造成沟通效果欠佳的两个重要因素，模糊和多义的词语都无法准确表达意思。沟通的目的是让对方明白、掌握和了解，如果用模糊和多义的词语，无疑会给对方的理解增加难度，影响沟通效果

图 6-2　管理者需掌握的沟通技巧

6.2　团队管理：众人划桨开大船

一个人的能力、经验、技能是有限的，当处理其能力之外的事情时，就需要与别人合作。

在商业领域，个人的力量是非常渺小的，唯有在团队中才能实现个人价值最大化，才能实现"1+1 > 2"的效果。团队通常是为了一个共同目标而集合起来的团体，团队成员会分工合作，优势互补，同心协力、保质保量地完成任务。

然而团队管理也是一项难题，团队成员的教育程度、文化背景、知识经验、对事物的理解等存在差异，成员间难免有摩擦，这就需要管理者进行管理。另外，让团队保持高效状态也是管理者应负的责任。

6.2.1　打造精锐团队的 8 个要点

创业需要他人的帮助，需要与他人组建团队。事实上，创业者是否拥有一个出色的团队极大地影响着创业的成败。我们不难发现，那些成功的企业家都有优秀的团队，如阿里巴巴创始人马云和阿里巴巴"十八罗汉"。

虽然很多企业都有团队，但并非将人聚集在一起就可以称为团队，打造一支精锐团队并非易事。团队如此重要，创业者该如何创建一支精锐团队，在商海中所向披靡呢？

1. 寻找优秀的人才

团队最重要的元素是人才，唯有一支由人才组建的团队，才能发挥出团队的真正作用。人才难寻，创业者要将比自己更优秀、更有经验的人笼络到团队里来。

2. 互补的组合

组建团队时要注意的是，不必要求每个成员都是能够独当一面的人才，最好每个成员都有不同的技能，这样团队内能形成技能互补。技能互补非常重要，企业在寻找团队成员时应尽量寻找技术、经验、性格、知识、技能、特长、爱好等互补的人。

3. 求同存异

团队成员间有差异是难免的，有人喜欢钻研技术，有人喜欢管理，有人喜欢沟通；各成员的目标也不相同，有人为了待遇，有人为了福利，有人看重前景，有人为了获得尊重。因此，管理者应求同存异，要认可团队成员间的差异，尊重这些差异，然后鼓励团队成员朝着相同的目标努力。

4. 创造成长空间

管理者应塑造良好的氛围，要给团队成员犯错的空间，否则一旦错误出现，团队成员就会心有不安，这种不安会影响整个团队。优秀的团队会给予团队成员充足的成长空间，会给予团队成员纠正错误的机会。因此，管理者应营造一个轻松、开放的团队环境。

5. 敢于授权

管理者不能紧抓权力不放，在某些时刻要适当授权，将权力下放。授予团队成员一些权力，能够激发团队的活力、积极性和创造性，会让团队成员感到被信任、被尊重、有踏实感，因而更用心工作。

管理者可为团队成员设定目标，然后放手让团队成员去完成，不要经常插手、干涉他们的工作。

6. 竞争意识

一个优秀的团队应该是有竞争意识的团队，团队成员敢于争先，敢于出风头，敢于与他人竞争。为了在竞争上保持优势，团队成员会时刻督促自己学习最新的理论和技能，更新自己的知识和技能，从而提高竞争能力，迎接更加严峻的挑战。

7. 建立有效的管理制度和激励制度

行之有效的管理制度能够确保团队始终保持高效状态，这些制度包括严格的纪律、授权等。激励制度指建立科学的薪酬制度、考核制度、升迁制度等，在团队成员获得成就时予以奖励，在团队成员出错时予以合理处罚。另外，要考虑到激励形式的多样性，物质激励和精神激励并行，还要抓准激励时机，这样才能达到最佳激励效果。

团队建设并非一蹴而就，即使团队拥有优秀且互补的人才，在前进过程中也难免会遇到各种困难。管理者要能够"见招拆招"，跨越团队成长道路上的障碍。另外，管理者也要加强团队管理方面知识的学习，提高管理能力，以免出现无法解决团队问题的情况。

6.2.2　创业团队 5P 模型

对创业者来说，组建一支团队不仅意味着在创业道路上有了风雨共担的伙伴，也意味着更有底气面对创业路上的困难。在现代化商业社会里，创业者单打独斗已不能适应时代的要求，唯有与他人合作，组建团队，才能从容应对创业道路上的竞争与挑战。

因此，团队组建是创业者的重要任务，不过组建团队并不简单。一方面创业企业由于缺乏资金，难以提供优越的待遇，因而很难吸引优秀的人才；另一方面是创业者缺乏组建团队的经验，不知怎样组建团队。

事实上，经过多年的摸索，人们提出了创业团队"5P"模型，如图 6-3 所示。

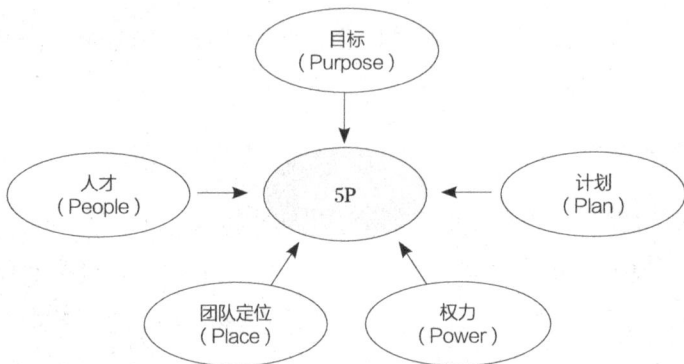

图 6-3　创业团队"5P"模型

1. 目标（Purpose）

它包括创建团队前的目标、要组建一个什么样的团队、团队要做什么。

不同的团队，其作用也是不同的。创业者在组建团队前应先想清楚要组建何种类型的团队，是公关团队、攻关团队，还是研发团队等。团队组建后应有目标，包括团队成员应该做什么，该往哪个方向努力。没有目标，团队就会成为一盘散沙，团队成员各自为政，甚至出现内斗等。明确团队目标是让团队成员团结一致的前提。

2. 人才（People）

3 人及以上就可以组建一个群体，当群体有了共同的目标则成为团队。从某种程度上说，团队的能力与团队成员的能力是成正比的，因此组建团队应当寻找合适的人才。

团队中最活跃的、最宝贵的资源就是人才，团队目标是通过团队成员实现的。团队组建最忌讳团队全由具有同样技能的人才构成。一个团队中应该有人负责出谋划策，有人负责实施，有人负责沟通，有人负责协调等，团队是靠这些人分工合作完成任务的。

因此，在寻找人才时，创业者应注意人才的能力、经验、特长、性格等是否互补。团队成员间互补性越强，则越有利于团队建设。

3. 团队定位（Place）

它既包括团队的定位，也包括创业者在团队中的定位。

团队的定位指团队在创业企业中所处的位置，团队成员由谁来选择，团队的目标是什么，由谁来主管团队并监督团队，怎样对团队授权，采用何种方式来激励团队，团队管理者如何激励团队成员等。

创业者在团队中的定位指创业者在团队中扮演什么角色，是团队管理者、监督者，还是评估者等；创业者是直接插手团队管理，还是指派某个人进行管理；如何确定团队管理者，是从团队成员中选择，还是从外部聘请第三方管理者等。

团队定位清晰，才能避免以后出现团队成员纠纷、管理不明确等问题。

4. 权力（Power）

它包括团队应该拥有哪些权力，权力的大小如何设定；当团队需要更多权力时，该如何提出申请；如何监督团队权力的使用以确保没有滥用权力等。通常来说，权力大小与团队所处的发展阶段、企业所处的发展阶段有关。团队越成熟，则拥有的权力越多。团队初期，团队管理者拥有的权力较多。

5. 计划（Plan）

计划包括将目标分解为详细的计划以确保团队按计划实施，从而顺利完成计划任务。

·将目标分解为详细的计划。企业目标的实现并非一蹴而就。企业应将总目标分解为数个小目标，然后制定出详细的行动计划并交给团队实施。

·确保团队按计划实施。团队按照计划进行工作，则能保证团队的工作进度。通常由团队管理者或创业者监督团队的工作进度，一旦发现团队有拖延迹象，则加以纠正，以免团队无法按时完成任务，给企业带来损失。

以上就是创业团队"5P"模型的具体内容，创业者可以按照这个模型组建创业团队，使之成为自己创业道路上的得力助手。

6.2.3 管理不同阶段的团队的要点

团队管理的流行与日本经济的发展有关。

日本经济从 20 世纪 60 年代开始腾飞，到 20 世纪 90 年代甚至能与美国抗衡，它在机器人、处理机等方面的成就超过了美国。而日本经济之所以腾飞，与团队管理有关。

第二次世界大战后，日本企业除了人力资源外，几乎没有其他竞争优势，但日本企业均具有团队精神，这是日本企业的一大鲜明特征。

丰田曾开创性地将团队管理引入生产过程，引起轰动。如今，团队管理已经很普及，深受企业重视。

但团队能否维持高效状态，还要看管理者的水平。"主将无能，累死三军"。管理者管理水平差，会严重阻碍团队的成长。

如同一粒种子长成参天大树要经历种子期、萌芽期、树苗期、成长期、成熟期等，团队的成长也要经历组建期、震荡期、规范期、成熟期，甚至解散期，如图 6-4 所示。团队的阶段性发展特征决定了团队管理是逐步完善的过程，团队处于不同的阶段，相应地就有不同的管理方法。

组建期	→	团队刚组建，团队成员通常会隐藏真实想法，与他人和气相处
震荡期	→	团队成员间已彼此熟悉且各种矛盾频出
规范期	→	团队成员相互理解、支持
成熟期	→	团队成员士气高涨，团队效率很高，氛围很好
解散期	→	团队目标达成或因为其他原因而解散团队

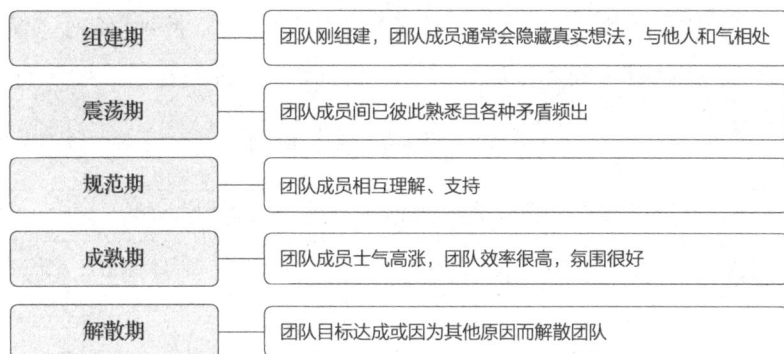

图 6-4　团队成长的不同阶段

1. 组建期

组建期指团队刚组建的时期，通常为团队成立的 1~3 月内。

特点：对团队目标和个人目标不了解；团队成员之间还很陌生；对自己在团队中的职责不清楚；对团队规则不熟悉；人员流动性较大；多依赖于管理者的引导和管理。不过在这一阶段，团队绩效提升很快。这一时期团队管理的要点如表 6-1 所示。

表 6-1　团队组建期管理的要点

组建团队	按照需求寻找合适、互补的人才组建团队
设定目标	设定团队的目标，明确团队的愿景
指出方向	指出团队前进的方向，让团队成员心里有底
设定管理者并进行分工	为团队设定管理者，引领团队；同时对团队成员的职责进行划分，让他们明确自己的职责
制定规则	制定团队规则，明确团队纪律
树立信心	增强团队成员对企业、对前景的信心，降低人员流动率

2. 震荡期

震荡期也称磨合期。经过组建期，团队成员之间已有些了解，进入磨合期。

特点：团队成员间隐藏的问题逐渐暴露；团队成员新旧观念和行为、团队成员和新环境间出现各种摩擦、分歧；团队成员士气比较低迷、困惑；团队成员工作热情不高；信息不畅，出现混乱；管理者权威尚未树立，不能取信于团队成员。在这一阶段，团队绩效增速也非常快。这一时期团队管理的要点如表 6-2 所示。

表 6-2　团队震荡期的管理要点

领导团队	担当团队里的教练角色，帮助团队成员了解职责、解决难题，帮助其成长
处理冲突	快速处理团队成员间的摩擦、冲突，安抚人心，在处理时遵循公平公正、对事不对人的原则
决策透明	鼓励团队成员参与决策，使决策透明化
多组织活动	增加互动有利于加强团队成员之间的了解
信息披露	规范工作流程，及时披露对团队影响较大的信息
树立信心	增强团队成员对企业、对前景的信心，降低人员流动率

3. 规范期

规范期指经过磨合期后，团队进入一个较为稳定的状态，信息能够及时披露，决策透明，冲突也能得到快速处理。

特点：团队成员相互扶持，相互理解，摩擦和冲突行为减少；保持良好的关系等。不过，团队成员常为了避免冲突而隐藏自己的真实想法，不发表有争议性的看法。这一时期团队管理的要点如表 6-3 所示。

表 6-3　团队规范期的管理要点

打破沉默	管理者应鼓励团队成员将真实的想法说出来，即使是有争议的想法
树立成员的责任心	责任心指个人、组织、集体、家庭、社会等对所担负的责任的认知，以及承担责任的自觉态度
树立权威	权威的树立是管理工作的重要内容，对有权威的管理者下达的命令，团队成员会自觉遵守并执行
树立信心	增强团队成员对企业、对前景的信心，降低人员流动率

4. 成熟期

成熟期指经过规范期后，团队成员勇于表达自己的真实想法，勇于承担责任，积极分担管理者的工作，自信、积极、努力工作的阶段。

特点：团队成员彼此非常了解和熟悉，彼此尊重和支持；信心高涨，敢于面对各种挑战；合作意识加强，能够密切配合，共同完成任务；团队文化、前景等已得到团队成员的认可，工作效率大幅提升；团队成员的工作技能快速提升，尝试独立完成任务；团队维持高效运转等。这一时期团队管理的要点如表6-4所示。

表6-4　团队成熟期的管理要点

鼓励竞争	通过一些具有挑战性的任务来培养团队成员，鼓励在团队内部进行良性竞争
敢于授权	授予团队和团队成员更多的权力，鼓励他们勇于承担责任
提高效率	通过优化工作流程、简化程序等来提高团队工作的效率

5. 解散期

解散期指团队完成目标或因为其他原因不得不解散团队的阶段。

此阶段的管理要点是安抚人心，处理好后续事宜，包括团队的工作由谁接手、团队成员的安置等。

6.3　授权管理：让别人为你工作

管理是通过调动他人的积极性，促成合作以完成任务的一种艺术，因此管理者不应事必躬亲。一个高明的管理者懂得分配权力，将那些不必自己亲自去做的事情分配给员工，实现"无为而治"。

授权指管理者将决策权移交给部属，以完成组织目标。

合理授权，有利于调动员工的积极性、主动性，激发员工的创造性，培养员工的才能。另外，管理者也能腾出时间思考一些重要的问题，而不是将时间浪费在琐事上。

因此，管理者应重视授权，了解授权的注意事项，掌握授权的技巧和方法，在实践中认真摸索、掌握和运用授权。

6.3.1　什么是授权

由于企业存在不同的层级、不同的职权，权限流通会受到一定的限制，位高者所获得的权限较多，位低者所获得的权限较少。为了能够按时完成某项任务，位高者有时需要位低者的配合，这就产生了授权。

授权是管理的重要内容，是指以人为对象，将完成某项任务所需的权力授予他人，然后由他人来完成任务的行为。管理者应将员工为完成某项任务所需使用的人力、物力、财力以及协调、合作、灵活处理、终止等权力授予对方。管理者若能合理授权，那么每一位参与者都可以从中受益。

总的来说，授权的优势如图 6-5 所示。

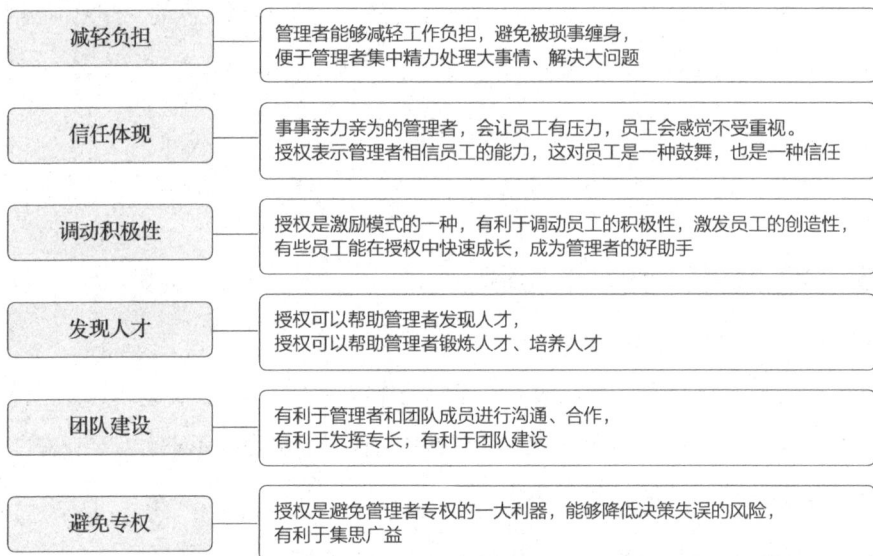

减轻负担	管理者能够减轻工作负担，避免被琐事缠身，便于管理者集中精力处理大事情、解决大问题
信任体现	事事亲力亲为的管理者，会让员工有压力，员工会感觉不受重视。授权表示管理者相信员工的能力，这对员工是一种鼓舞，也是一种信任
调动积极性	授权是激励模式的一种，有利于调动员工的积极性，激发员工的创造性，有些员工能在授权中快速成长，成为管理者的好助手
发现人才	授权可以帮助管理者发现人才，授权可以帮助管理者锻炼人才、培养人才
团队建设	有利于管理者和团队成员进行沟通、合作，有利于发挥专长，有利于团队建设
避免专权	授权是避免管理者专权的一大利器，能够降低决策失误的风险，有利于集思广益

图 6-5　授权的优势

虽然授权有很多好处，但这并不意味管理者可以滥用授权。在企业中，有些事情是可以授权的，有些事情则是不能授权的。滥用授权，只会导致企业秘密泄露，不利于管理者塑造威严。那么，企业中哪些事情是可以授权的、哪些事情是不可以授权的呢？可授权的事情和不可授权的事情如图 6-6 所示。

图 6-6　可授权的事情和不可授权的事情

涉及危机的事情，最好不要授权员工去处理。面临危机的时候，正是体现管理者管理水平的时机。管理者应亲自坐镇，制定解决危机的方案和具体措施，这样有利于稳定人心，有利于树立管理者的形象。

授权员工去处理危机事件，会让员工怀疑管理者的能力，不利于管理者塑造形象。

6.3.2　授权应注意什么

权力分配是一项涉及用权、用人的艺术，是管理者授权的基础。权力分配的方法是多种多样的，所以授权的方法也是多种多样的，既可以单一授权，也可以多层次授权；既可以以任务授权，也可以以时间授权；既能以条件授权，又能以目标授权。因此授权问题具有复杂性和多样性，一旦失误，授权就无法起到应有的作用。

尽管管理者可以灵活运用授权、巧妙变化授权方式，但要想获得好的授权效果，有些原则是必须严格遵守的。授权时，管理者应坚持的原则如图 6-7 所示。

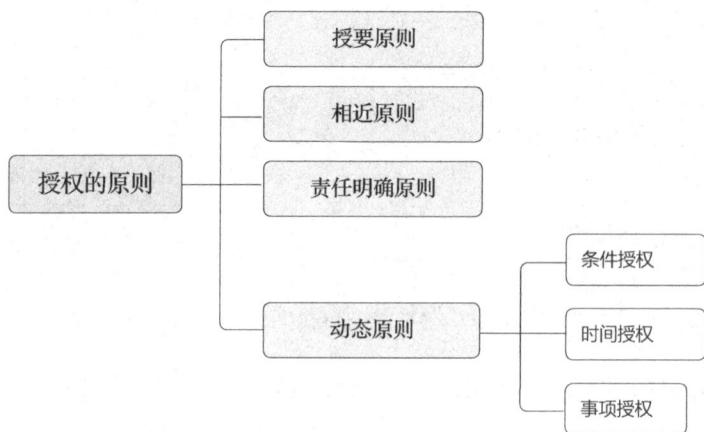

图 6-7　授权的原则

①授要原则，即在授权时应将员工完成任务所需的重要权力授予对方，以便对方按时完成任务。

②相近原则，即授权时要直接授权给员工，而不要越级或多层授权。另外，根据任务授权，不同任务环节应先授权给最接近任务的员工，方便其处理与任务相关的事情。

③责任明确原则，即授权时要明确责任，让员工明白自己所承担的责任及权限，避免出现越权行为。

④动态原则，指由于任务环境、完成方式、地点等的不同，授权应保持灵活，贴合实际情况，以便相关员工更好地完成任务。一般来说，动态原则下常见的授权方式有以下几种。

·条件授权，只有在满足某些条件时，员工才能获得授权；当条件变化了，授权也随之变化。比如，任务完成时间接近，管理者又有其他要事要处理，这时进行满足事先约定的条件授权，员工可替代管理者完成此任务，以免耽误任务进度。

·时间授权，即在某个时间段内，员工拥有一些权力，但过了这段时间后，该权力则被收回。

·事项授权，即授权员工解决某件事或某个问题的权力，等事情或问题解决后，即收回该权力。

作为管理者，既不能大权全揽，又不能大权旁落，因此控制好授权的度就成为管理者应掌握的技巧。要想准确掌握授权的度，管理者除了坚守上述原则外，还应做到分散与集中。分散与集中是指管理者既要分散权力，确保员工所获得的权力能够满足完成任务的需要，又能确保自己能从整体上把握权力。

随着社会的发展，管理者所面临的情况逐渐复杂，在很多情况下管理者需要灵活运用授权，才能更好地完成任务、解决问题。另外，管理者在授权时还应注意一些问题，如图 6-8 所示。

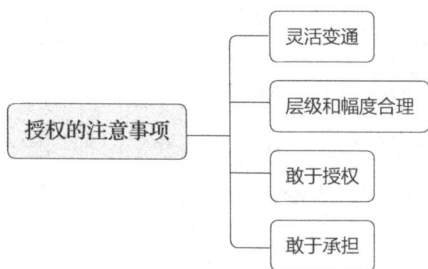

图 6-8　授权的注意事项

·灵活变通。授权要根据实际情况来做调整，灵活运用，合理变通。《孙子兵法》云："兵无常势，水无常形；能因敌变化而取胜者，谓之神。"用兵打仗没有一成不变的打法，水没有一成不变的形状，能够根据敌情变化而灵活采取措施获胜的人，就能称为用兵如神。授权也是如此，不要拘泥于固定的形式，要在遵守原则的基础上灵活变通，创新性地运用授权。

·层级和幅度合理。通常，层级和幅度存在着反比关系，也就是说，层级越少，则信息越易于传播且失真度越低；层级越多，则信息在传播过程中的失真度越高，会给管理带来难度。

有时幅度太大、层级太少也不利于管理，尤其是面临突发事件时，员工无法果断进行处理。因此对管理者来说，设置合理的层级和幅度很有必要。

·敢于授权。有些管理者在授权时总会考虑再三、优柔寡断，一方面担心员工没有相应的能力，另一方面又担心授权会带来不好的结果。管理者应该当断则断，不然只会反受其乱，要勇于授权。

·敢于承担。授权并非简单地将权力下放，还要承担相应的责任。

能否发现合适的人才并授之一定的权力，是管理者管理的重要内容，是企业运作成败的重要因素。将权力授予合适的人才，其便能履行职责，顺利完成任务。

以上是管理者在授权时的注意事项。管理者既要坚守原则，又要注意细节，使授权为提升管理效果助力。

6.3.3 常用的授权方法

《荀子·王霸》中说："明主好要，暗主好详。主好要则百事详，主好详则百事荒。"即明主善于抓住要点，庸主则喜欢事事都掌握；君主善于抓住要点则事事都清楚明确，君主喜欢事事都掌握则事事都荒废。因此，管理者不必事事亲力亲为，而要学会授权。

管理者只要抓住要点，从整体上把握任务、从宏观上了解任务就行了，琐事可采取授权的方式交由员工处理。因此，管理者需要掌握授权方法。常见的授权方法有以下几种。

1. 目标授权法

目标授权法指管理者根据目标将权力授予员工，以便员工顺利完成任务或解决问题。企业有自身的发展目标、战略目标等，这些目标只靠管理者是很难完成的，还需众多员工的帮助和支持。

管理者应先将目标进行分解，然后寻找合适的员工来完成，并授予他们一定的权力，明确完成细分目标的责任。此类授权法可以避免盲目授权，或者减少授权不当行为的发生。

2. 充分与不充分授权法

管理者授权时可根据任务的需要，灵活决定是充分还是不充分授权。充分授权指将完成任务所需的权力全部授予员工，准许员工创造性地完成任务；不充分授权指员工进行深入调查后，提出相应的报告和方案并上交给管理者，管理者在审查报告和方案后，再决定是否按照报告和方案实施授权。充分授权和不充分授权的优势如图 6-9 所示。

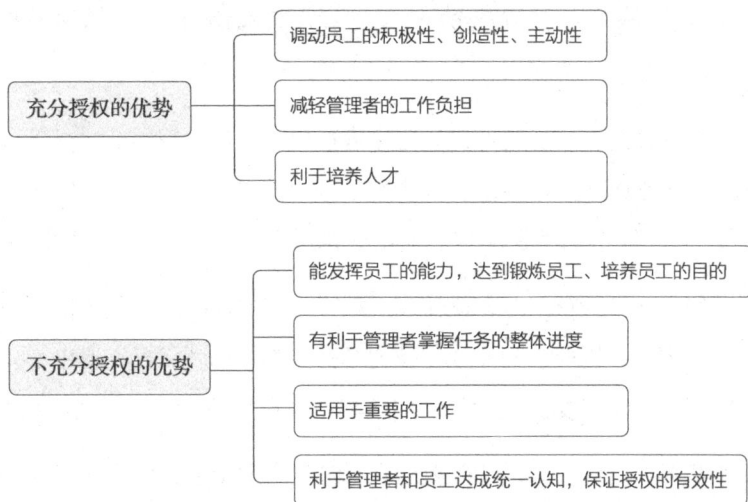

图 6-9 充分授权和不充分授权的优势

3. 逐渐授权法

授权的前提是管理者了解被授权员工的能力和水平，相信通过授权该员工能够顺利完成任务。但是当管理者对员工的能力、特长、优势等不了解时，或者无前例可参考时，管理者可使用逐渐授权法。

其具体方式是先让员工担任助理、代理等职务，试用、考查员工一段时间，等管理者对员工的能力、特长有所了解后，若符合授权条件，便可进行授权。

这种授权方式比较稳妥，既能避免管理者用人不当，也能避免管理者滥用授权，同时还能调动员工的积极性和创造性等，可谓一举多得。

4. 制约授权法

制约授权法也称为复合授权法，即管理者将重要的任务或职权分解为多个部分，授予多个员工，使员工相互制约、互相监督，以免出现纰漏。这种方式的好处是便于员工彼此监督检查，同时管理者也能实时监督，尽早发现并解决工作中的疏漏等，更好、更顺利地完成工作任务。

5. 弹性授权法

弹性授权法也称为动态授权法，指在任务的不同阶段，管理者采用不同的授权方法或形式，给予员工不同程度的权力。这种授权法适用于管理者对员工能力不了解、环境较复杂等情况。

比如，员工技能不足，就可以采用弹性授权法，不定期地交给员工一些具有挑战性的工作，锻炼员工的技能，指出他工作上的失误或缺点，并给予引导，帮助员工完成这些具有挑战性的工作。这是培养人才的一种有效方法。

管理者使用弹性授权法时，应注意授权方式和授权时间，要将授予的权力控制在合理范围内，即以能顺利完成任务为基准，不可过度授权，但也不能低于这个基准。管理者在改变授权方法时，应向员工解释，争取员工的理解和配合。

授权方法多种多样，管理者应根据实际情况灵活变通，将顺利完成任务和提升员工自身能力作为授权的起点。同时，管理者也要尽到监督责任，发现员工不能适应授权时，则应果断采取措施，以避免企业因此而蒙受损失。

6.4 激励管理：让员工主动自发工作的奥秘

《六韬·文韬·赏罚》中有言："用赏者贵信，用罚者贵必。"即进行奖赏最重要的是守信，施行惩罚最重要的是坚决执行。

《韩非子·外储说右上》中有言："信赏必罚，其足以战。"意思是有功必赏，有过必罚，士兵则可以上战场打仗了。

上面提到的赏罚就是激励手段的一种，也是使用最为普遍的激励方式之一。

管理的本质是激励，激励是行为的按钮，你按下什么样的按钮就会有什么样的行为产生。如果详细了解那些成功的管理大师，就会发现这些大师有一个共同点，即善于激励。欲成为一流的管理者，必先成为一流的激励大师。

如何激发员工的潜力，如何提高员工的工作效率，如何维持企业的竞争力，如何激发员工的积极性呢？这些问题的答案都在于进行激励管理。优秀的企业都建立了系统的激励机制，包括物质激励、精神激励、职位晋升、负责项目等各种激励方式，激励员工主动自发地工作，发挥主人翁精神，实现企业和员工的双赢。

6.4.1　什么是激励管理

根据美国社会心理学家亚伯拉罕·马斯洛的需求理论，人们的需求是分层次的。马斯洛将人们的需求从低到高分为 5 个层次，如图 6-10 所示。

图 6-10　马斯洛需求层次

最底层为生理的需求，在生理需求得到满足后，人类才会有更高层次的需求，也就是安全的需求，然后是社交和情感的需求、尊重的需求、自我实现的需求，其中自我实现的需求是人类的最高需求。

激励是建立在人类需求的基础上的。激励指采用某种措施或方法激发人的内在动力和动机，使人能够长期处于积极状态中，从而积极、主动和自发地努力工作、完成目标的过程。

激励管理是企业通过采用系统的方法和管理，使员工对企业尽心、对工作尽力的过程。通常来说，员工工作效率的高低与激励水平有关，激励水平较高，则员工会积极地面对工作和任务，遇到困难也会想办法解决；反之，激励水平低，无法触动员工，无法激发员工的内部动力和动机，员工只是被动地完成工作，遇到困难也不会积极地想办法解决。

激励管理将激励运用在企业管理过程中，根据企业情况的不同，形成了多样化的激励方式和丰富的激励内容。

现在很多企业都非常重视人才，想方设法留住人才，其中最常用的一种方法是采用激励措施。比如，一些企业会破格给予一些优秀人才较大的权力，鼓励其放手而为；给予优秀人才一部分股份；给予人才更多的福利激励；给予人才具有诱惑力的薪水等。

对管理者来说，留住人才和提高员工的工作效率是管理的重要内容。调动员工在工作上的积极性、创造性，可以增强企业的竞争力，使企业从激烈的市场竞争中脱颖而出，维持企业的可持续发展。

一个企业要想激发员工的创造性，就要为之创造一个良好的环境，创造一个鼓励创新、积极进取的宽松环境，营造一个勇于探索的氛围；建立行之有效的奖惩机制，奖励在工作中做出卓越贡献的员工，惩罚在工作中屡次失误的员工；加强内部竞争机制建设，激发员工进行良性竞争；鼓励员工主动自发地掌握新知识、新技能，用先进的理论和技能来武装自己。

对企业来说，激励的好处如图 6-11 所示。

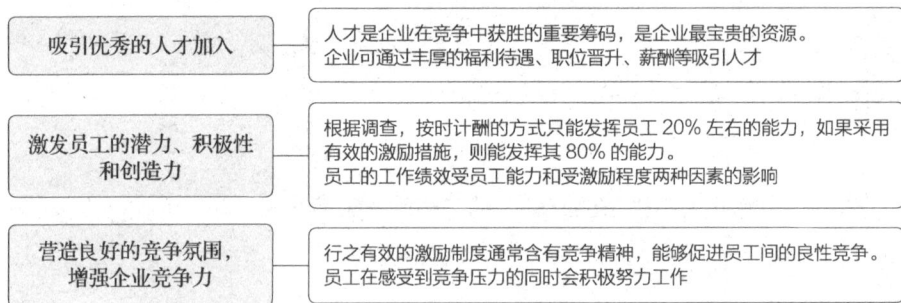

吸引优秀的人才加入	人才是企业在竞争中获胜的重要筹码，是企业最宝贵的资源。企业可通过丰厚的福利待遇、职位晋升、薪酬等吸引人才
激发员工的潜力、积极性和创造力	根据调查，按时计酬的方式只能发挥员工 20% 左右的能力，如果采用有效的激励措施，则能发挥其 80% 的能力。员工的工作绩效受员工能力和受激励程度两种因素的影响
营造良好的竞争氛围，增强企业竞争力	行之有效的激励制度通常含有竞争精神，能够促进员工间的良性竞争。员工在感受到竞争压力的同时会积极努力工作

图 6-11　激励的好处

6.4.2　常用的激励方式

"工欲善其事，必先利其器"，管理者要想运用好激励这一手段，首先要掌握激励方式，然后再灵活运用，使之发挥效用。

通过多年的探索，人们总结出了很多行之有效的激励方式，其中常用的激励方式如图 6-12 所示。

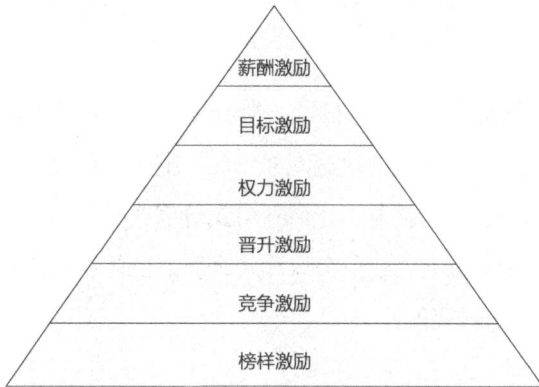

图 6-12　常见的激励方式

1. 薪酬激励

薪酬包括工资、奖金、保险等，是企业给予员工劳动的回报。广义的薪酬包括基本薪酬、奖励薪酬、附加薪酬和福利。薪酬的构成如图 6-13 所示。

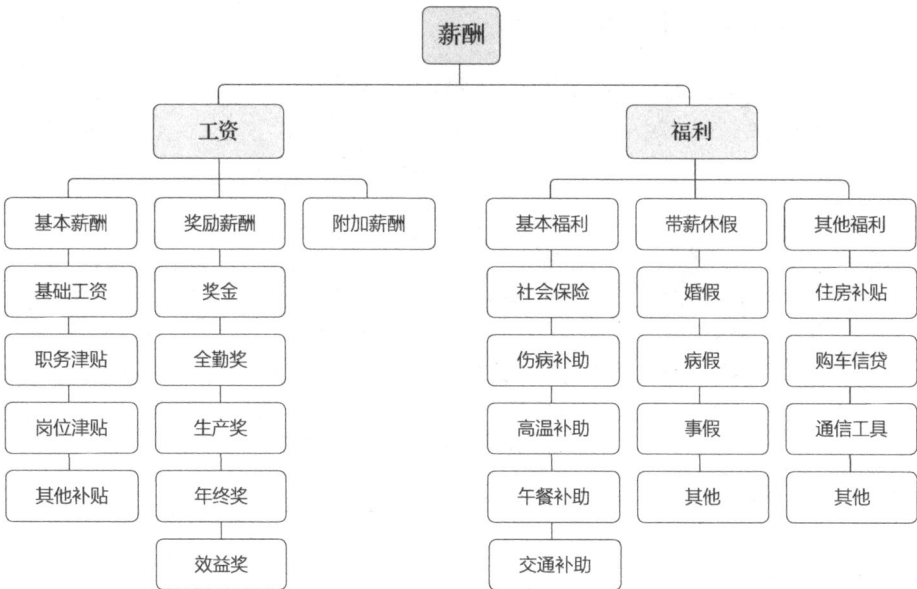

图 6-13　薪酬的构成

薪酬是企业给予员工的一种回报，是企业对员工能力的一种认可。同时，人们认为工作是实现个人价值的方式之一，员工能从薪酬中获得一种满足感，薪酬也成为员工能力和工作绩效的体现。有了薪酬，员工才能拥有生活必需品，满足生存需要；员工有安全感才有动力留在岗位上工作，否则员工就会考虑其他薪酬较高的工作。

因此，薪酬能够影响员工的积极性和创造力，当薪酬符合员工的心理预期时，他会主动自发地工作，想方设法快速完成任务，提高岗位绩效。由于表现优越，他会升职，然后获得更高的薪酬，体会到自我价值实现的满足感和喜悦感，从而更加认真地完成工作。因此，企业在设计薪酬时，应体现其激励作用，比如设置绩效工资占整体薪酬的 20%。

2. 目标激励

目标激励指采用设置目标的方式激发员工的动力，引导员工的行为，促使员工将个人目标与企业目标结合起来，激发员工的积极性、主动性，从而提高员工的工作效率、工作质量，促使其及早地完成工作。

管理者应将企业目标进行拆解，形成具体到各部门、各员工的目标，并将员工的个人目标与企业目标挂钩。

使用这种方式进行激励时，其要点如图 6-14 所示。

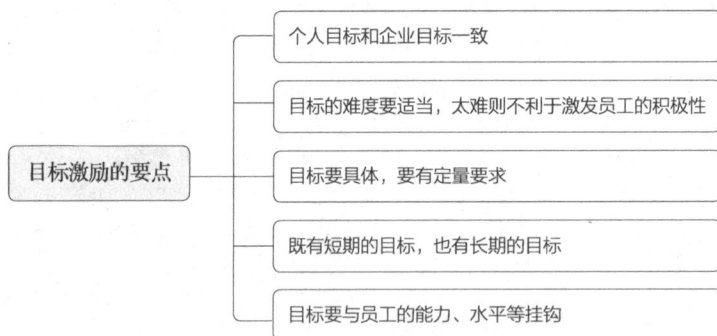

图 6-14　目标激励的要点

3. 权力激励

权力激励指管理者授权给员工，激发其潜力、提高其工作效率的激励方式。

在企业中，员工得到授权后，会深感肩负的责任重大，会因获得权力而萌发出自豪感和责任感，员工会因此更加努力地工作，以更大的热情投入工作。这一激励方式的使用详见 6.3 节。

4. 晋升激励

晋升激励指管理者将员工从低职位提升到高职位，赋予员工高职位的权、责、利的一种激励方式。晋升制度有利于帮助企业选拔人才，也有利于激发员工的积极性，让员工有愿景可以展望，因而更加努力地工作。

设置晋升制度，就像是将高职位摆在员工面前，告诉员工达到什么条件就可以晋升，激励员工努力工作，激发员工的潜力，并使其达到目标。

一般来说，晋升制度的构成如图 6-15 所示。

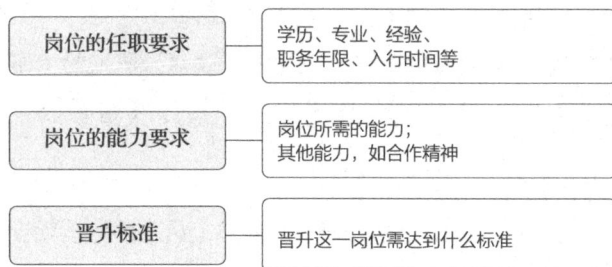

岗位的任职要求	学历、专业、经验、职务年限、入行时间等
岗位的能力要求	岗位所需的能力；其他能力，如合作精神
晋升标准	晋升这一岗位需达到什么标准

图 6-15　晋升制度的构成

晋升制度的设置应该是双向的，也就是说有向上晋升，也有向下流动。对符合高职位条件的员工可以晋升，对无法达到原岗位要求的职责或绩效的员工，则使其适当向下流动，即降级。

5. 竞争激励

人都有一种争强好胜的心理，竞争激励就是利用这种心理达到激励目的的方式，属于行为激励法。

管理者在企业内部建立竞争机制，可以让员工进行良性竞争，激发员工的积极性和争先创优意识，增强企业的活力。不过，内部竞争会导致员工间、团队间、部门间等产生摩擦和冲突，导致员工压力增大，甚至可能压抑员工的创造力，使员工的工作效率下降，因此竞争激励应谨慎使用。

6. 榜样激励

榜样管理指管理者在员工中树立一个榜样，通常是对做出优异成绩、在实现目标的过程中表现较为突出的个人或集体加以表扬并给予较好的待遇，号召员工向其学习，以达到激励员工的目的。

采用这种激励方法，首先要树立榜样，然后广为宣传榜样的先进事迹或突出成就，最后给予榜样较高的评价和丰厚的报酬，让其他员工羡慕，激发其他员工向其学习的动力，从而达到激励效果。

6.4.3 激励原则及注意事项

对管理者来说，提高员工的工作效率是管理的重要内容。员工激励是管理者常常感到棘手的问题。然而激励事关员工的工作效率，员工的工作效率又关乎企业的竞争力，甚至决定企业的成败。因此，员工激励非常重要。

根据调查，绝大多数员工只需发挥其 20% 左右的能力就可顺利完成任务，如果管理者通过激励方式让员工发挥其 80% 的能力，员工的业绩就会大幅提升，而员工业绩的提升对增强企业的竞争力是有利的。

激励事关员工的权力和利益，因此在使用过程中应保持谨慎并遵守相应的原则。管理者在进行激励时应遵循的原则如图 6-16 所示。

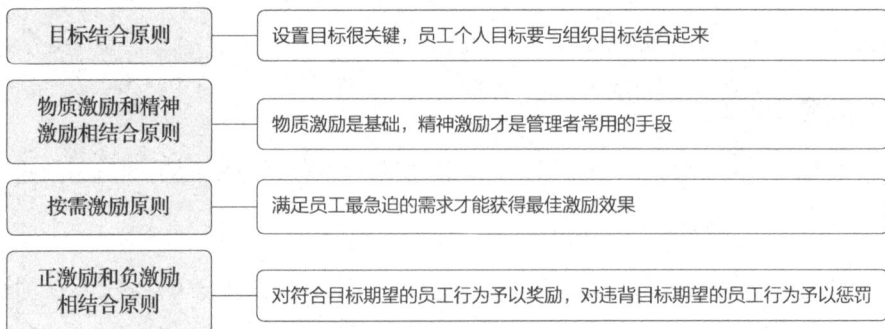

原则	说明
目标结合原则	设置目标很关键，员工个人目标要与组织目标结合起来
物质激励和精神激励相结合原则	物质激励是基础，精神激励才是管理者常用的手段
按需激励原则	满足员工最急迫的需求才能获得最佳激励效果
正激励和负激励相结合原则	对符合目标期望的员工行为予以奖励，对违背目标期望的员工行为予以惩罚

图 6-16　激励时应遵循的原则

明确原则	需要做什么、怎么做，是物质激励还是精神激励，直观可见
合理原则	激励时使用的手段和方法要合理，另外，激励要公平公正
引导原则	外在的激励措施唯有转化为员工的动机才能获得较好的激励效果
时效性原则	激励也是看时机的，"雪中送炭"远比"锦上添花"有效果，时机把握得越准确，激励效果也就越佳

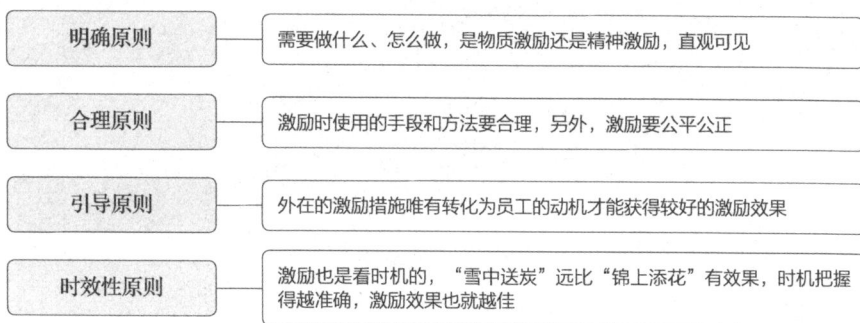

图 6-16　激励时应遵循的原则（续）

　　然而在激励实践中，管理者总是遇到一些问题，如激励不及时不到位、激励方式不恰当、激励缺乏持续性、轻视激励等；尤其是一些无效激励，没有激励效果不说，反而导致人心涣散、人才流失。

　　为了获得良好的激励效果，管理者在激励中应注意的事项如表 6-5 所示。

表 6-5　管理者在激励中的注意事项

激励员工时不可做的事	内容描述
过于重视物质激励	经济利益确实是员工努力工作的一部分动机和动力，但并不是全部。可以说，经济利益是基础，追求个人价值和归属感才是员工的最终追求。一味强调利益，只会让员工有不被尊重的感觉。因此管理者应注重打造优秀的企业文化，对员工多一些人文关怀和价值关怀
过于随意	一段时间实施这种激励方式，过一段时间又实施另一种激励方式，让员工感到混乱。管理者可以灵活选用激励方式，但灵活不代表随意
注重形式，而忽视员工诉求	管理者过于重视激励的形式，各种激励方式层出不穷，但却忽视了员工的诉求，这是一种"本末倒置"的行为。激励唯有从员工的真实诉求出发才能获得最佳效果，形式不过是一种辅助，不能喧宾夺主
注重眼前，忽视长远	激励管理不应只注重眼前，还要注重长远效果。管理者应合理运用资源，制定合理的激励制度，将员工的个人成长与企业的成长挂钩，让员工能从企业成长中获益
轻视沟通	沟通是维系融洽的人际关系的重要手段，也是管理者应具备的能力。管理者唯有通过沟通才能了解员工的诉求，才能据此更好地开展激励

　　事实上，由于各个企业环境不同、拥有的员工不同，其需求也不同，因此管理者应更加灵活地运用激励措施，根据实际情况创新，以取得更好的激励效果。

第 7 章

营销布局：
酒香也怕巷子深

影响企业运营的一个重要因素是企业的营销业绩，而营销业绩深受营销能力的影响。企业营销能力差，则其销售额、市场占有率、知名度等就低，企业也就难以获得较好的营销业绩。企业要提升营销能力，最重要的是能够灵活运用多种营销模式。

7.1 打破瓶颈：一切皆有可能

"产品时代""生产时代""推销时代"早已成为过去，取而代之的是以客户为中心的"营销时代"。在这个时代，谁的营销做得好，谁能够赢得客户的信任，谁就能赢得市场。

不过在现实中，很多企业知道品牌的重要性，也知道品牌营销、产品营销的重要性，却不知道该如何进行营销，也缺少相应的营销人才，不懂得营销有哪些模式，导致营销活动以失败告终。营销既是时代的要求，也是提高销量的关键，更是事关企业生存的关键要素，因此企业应打破思维定式，解放思想，完成营销任务。

7.1.1 打造高效率营销团队

营销对一家企业的产品销售、品牌塑造、宣传等影响深远，可谓没有营销，企业产品就销售不出去，品牌形象就树立不起来。因此，打造一支高效率的营销团队，是企业工作的重点内容。那么，该如何打造营销团队，激发团队成员的潜力、积极性和创造性，从而更好地进行营销，并以此提升产品销量、树立品牌形象呢？

本小节从制度、培训、考核 3 个角度来探讨如何打造高效率的营销团队，如图 7-1 所示。

图 7-1　打造高效率营销团队的要点

1. 营销制度

任何一支优秀的团队都离不开制度的支持，没有制度，团队就失去了根基，无法成长。

营销制度的建立主要从以下几方面做起，如图 7-2 所示。

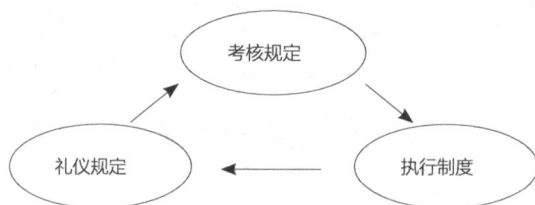

图 7-2　建立健全营销制度

·礼仪规定。营销人员奋战在企业的第一线，经常与客户打交道，懂礼仪的营销人员显然更易受到客户的青睐。

企业可以拟定《营销人员日常礼仪规定》，从精神风貌、穿着打扮、举止、言行、出勤、谈判等方面做出规定，要求营销人员严格遵守。比如，现在很多服务企业都要求员工上班穿工作服、统一化妆、面带微笑等，这其实就是营销制度的一部分。

这样的规定能够约束营销人员的行为，纠正可能影响营销效果的行为，如此，一支具有崭新风貌的营销团队便出现了。

·考核规定。企业的发展离不开完善的考核体系，而且考核占据的位置越来越重要。考核不只是薪酬支付的依据，更是激励员工、营造良好内部竞争氛围的重要手段，而且它对企业发展至关重要。制定考核体系的作用如图 7-3 所示。

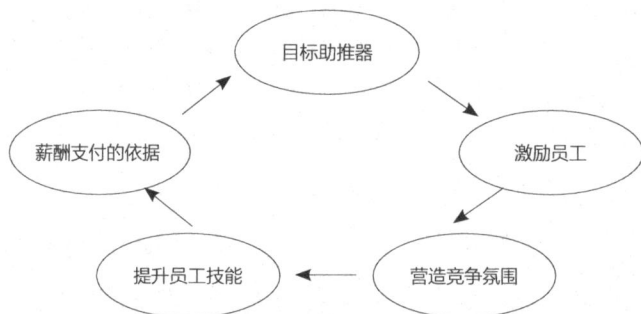

图 7-3　制定考核体系的作用

·执行制度。制定制度的关键在于执行，唯有严格执行，才能获得良好的效果。对员工违背制度的行为要予以惩罚。

2. 营销培训

企业要想留住人才通常有两种方式，一种是用有诱惑力的薪酬福利吸引一批追求高薪酬、高福利的人才；另一种是虽没有优厚的薪酬福利，但却有良好的发展前景并提供良好的培训。

以多种方式展开培训，增强培训人员的互动性，邀请营销专家来上课，可以启发营销人员的思维，调动营销人员的积极性、求知欲，增强营销人员的向心力，激发他们的潜能，开拓他们的营销思路。他们可能会想出很多具有创造性的营销方案，将之用于实践中，也许会收到良好的市场效果。通过培训，企业能培养出一批有潜力、有动力、有强烈实现目标愿望的营销人员。

3. 多样化考核

营销效果的考核向来是个难题，因为营销考核和其他考核不同，营销效果很难量化，企业很难在短时间了解营销效果的好坏。一般来说，企业可以将考核设置为两部分，即月指标考核和年度综合评估考核。

月指标考核指每月对营销团队、营销人员的营销成果进行考核，于每月月底前结束上月考核，并将考核结果上报。考核内容主要有月销售额完成率、产品市场占有率、销售费用、应收款项达标率等。

年度综合评估考核，可设为半年进行一次，计算营销团队、营销人员一年来12个月的考核指标的平均值。

在激励方面，企业可设置月度最佳营销人员奖、年度营销精英奖、单品推广奖、优秀营销人员奖等奖项，对达标的营销人员予以奖励，对未达标的营销人员进行适当处罚，营造良好的内部竞争氛围，使营销团队内部"人人争先，人人不甘落后"。

7.1.2　模式多样化

营销模式指企业在营销过程中为达到营销效果而采用的多种方法和手段。如今，单一的营销模式早已无法满足时代的需求，消费者对产品也越来越挑剔。消费者如果在广告、体验、使用过程、售后等某个环节中体验欠佳，就会选择其他产品。消费者的这种行为模式大大增加了营销的难度。

影响企业运营的一个重要因素是企业的营销业绩，而营销业绩深受营销能力的影响。企业营销能力差，则其销售额、市场占有率、知名度等就低，企业也就难以获得较好的营销业绩。企业要提升营销能力，最重要的是能够灵活运用多种营销模式。

1. 线上与线下营销模式相结合

在过去，线下营销是企业营销的重点，然而随着互联网的发展，线上营销逐渐兴起且大有取代线下营销的趋势。线上营销并非单一的网站运营和推广，很多企业的线上营销搞得轰轰烈烈，但线下营销没跟上，导致活动过后营销效果便大打折扣，短期效应明显，没能大幅提升销量。

企业在进行线上营销时，也应意识到线下营销的重要性。线上和线下营销并非是孤立的，成功的线下营销活动还需线上积累的影响力、品牌效应等，以吸引消费者参加线下的活动，从而提高销量，获得可观的经济效益。

通常来说，线下和线上营销模式相结合的方式如图 7-4 所示。

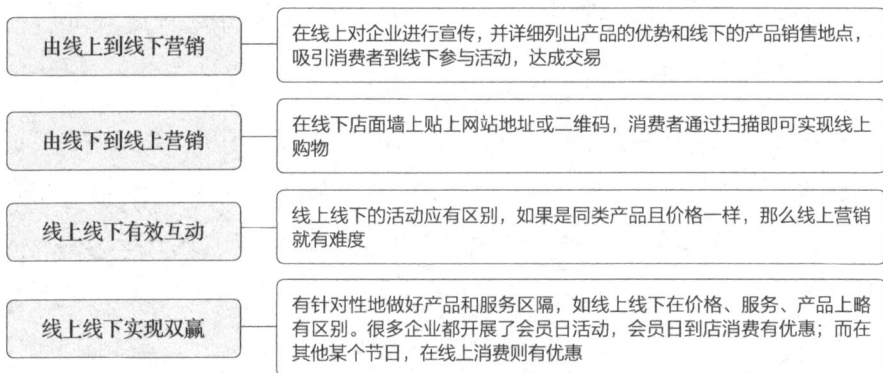

由线上到线下营销	在线上对企业进行宣传，并详细列出产品的优势和线下的产品销售地点，吸引消费者到线下参与活动，达成交易
由线下到线上营销	在线下店面墙上贴上网站地址或二维码，消费者通过扫描即可实现线上购物
线上线下有效互动	线上线下的活动应有区别，如果是同类产品且价格一样，那么线上营销就有难度
线上线下实现双赢	有针对性地做好产品和服务区隔，如线上线下在价格、服务、产品上略有区别。很多企业都开展了会员日活动，会员日到店消费有优惠；而在其他某个节日，在线上消费则有优惠

图 7-4　线下和线上营销模式相结合的方式

2. 动态组合营销模式

该模式是根据营销 4P 理论形成的。

营销 4P 理论指营销中 4 个基本策略的组合，即价格（Price）、产品（Product）、渠道（Place）、促销（Promotion）。这 4 个词语的英文首字母均为 P，因此被人们称为 4P 理论，如图 7-5 所示。

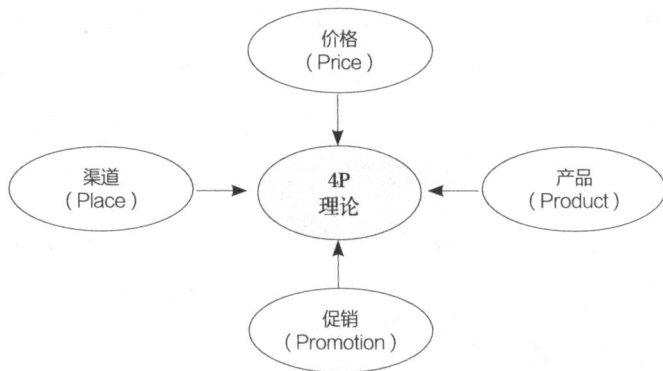

图 7-5　4P 理论

将 4P 关系立体化，将其中一个"P"作为战略性策略，是不变的，其他 3P 围绕它进行组合，即出现了多种组合模式，即以产品为核心的营销模式、以价格为核心的营销模式、以渠道为核心的营销模式、以促销为核心的营销模式及它们的动态组合营销模式。

对于动态组合营销模式的运用，企业应根据市场的成熟度来选择。

当企业将新产品推入市场时，由于消费者对产品缺乏认知，此时企业宜采用以促销为核心的营销模式。

如果产品具有很高的科技含量，或者是原创产品，则企业可以采用以产品为核心的营销模式。

随着消费者对产品的认可度逐渐提高，产品的市场占有率逐步提升，企业则应采用以渠道为核心的营销模式，此时产品越渠道化，人们越方便购买，销量则越高。

渠道到位后，产品进入市场成熟期，这时企业应采用以价格为核心的营销模式，吸引那些对价格敏感的消费者。

当以价格为核心的营销模式也起不到应有的营销作用时，则意味着企业应推出新产品了。

3. 混合营销模式

经过多年的商业活动，人们总结出的企业最常用的营销模式有 10 多种，如体验式营销、一对一营销、全球地方化营销、品牌营销、关系营销、深度营销、连锁营销、兴奋点营销、数据库营销、文化营销等。可以说，营销模式很丰富，每一种营销模式在特定环境下都能获得很好的营销效果。

不过由于企业所面临的营销环境逐渐复杂化，采用单一的营销模式往往无法达成营销目标，因此需要将多种营销模式混合。不过在使用混合营销模式应注意一些事项，如图 7-6 所示。

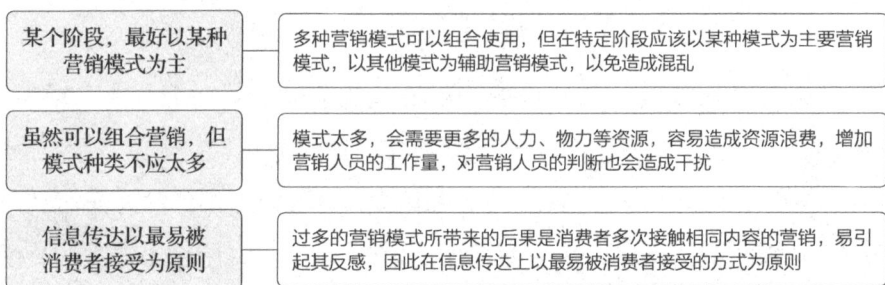

某个阶段，最好以某种营销模式为主	多种营销模式可以组合使用，但在特定阶段应该以某种模式为主要营销模式，以其他模式为辅助营销模式，以免造成混乱
虽然可以组合营销，但模式种类不应太多	模式太多，会需要更多的人力、物力等资源，容易造成资源浪费，增加营销人员的工作量，对营销人员的判断也会造成干扰
信息传达以最易被消费者接受为原则	过多的营销模式所带来的后果是消费者多次接触相同内容的营销，易引起其反感，因此在信息传达上以最易被消费者接受的方式为原则

图 7-6　使用混合营销模式的注意事项

4. 新颖营销模式

随着时代的发展，营销模式也与时俱进，出现了很多新趋势，如科技成为营销的创意核心，科技、数据、内容成为营销的重要组成部分，同时科技还能为消费者带来优越的体验，如 VR（Virtual Reality，虚拟现实）营销。消费者带上VR 眼镜就能亲身感受或使用产品，虽然都是虚拟的，但体验感却与真实很贴近。

新颖营销模式还包括互动营销、视觉营销、在产品包装上做营销（如可口可乐在新包装纸上印网络流行语）等。因此，企业应学习这些新颖营销模式，将其用于自家产品的营销，以提高产品销量和产品市场占有率。

7.2 宣传策略：做得好更要讲得好

企业只有优质产品和服务是不行的，还要有相应的宣传策略，这样才能塑造企业品牌，刺激潜在消费者对企业产品或服务产生需求，提升销量。

"品牌立企"早已成为企业发展的重要战略，而宣传是塑造企业形象的主要方法，一方面品牌宣传能赢得更多客户和社会的支持，另一方面宣传也是培育企业文化的主要方法。

如今，企业只是做得好已无法满足时代的要求，"酒香也怕巷子深"，企业应做好宣传工作，做得好也要讲得好。

7.2.1 常用的宣传媒介

媒介指传播信息的载体，包括传统媒体和新媒体。传统媒体以电视、报纸、广播为主，新媒体则以网络为主。

宣传是指为了传播某信息而使用的手法，通常借助媒介的力量引起公众的关注，让公众获得你希望他获得的信息，如企业的产品信息。

宣传媒介指企业在宣传过程中需要借助的媒体或其他平台，以便将信息或内容宣传出去，并从中获得良好的宣传效果，可以是塑造企业形象，可以是打造品牌，也可以是宣传某产品等。

宣传媒介能够将企业和公众联系起来，是企业进行市场推广的关键要素之一。宣传能引导公众关注产品，增强公众对产品的印象，从而达到提高销量的目的。

目前，常用的宣传媒介有以下几种。

1. 电视

虽然互联网来势汹汹，但电视仍是目前的主流媒体之一。

一般来说，电视宣传的优势在于受众面广，但电视宣传的效果与宣传内容、宣传频率、宣传的时间段有关。在电视宣传的内容和频率都一样的情况下，越是"黄金时间"，宣传效果越佳，但宣传费用也越高。在宣传时间段和宣传内容都一样的情况下，电视宣传频率越高，宣传效果越好。

2. 报纸

报纸宣传的优势在于阅读人群广泛，便于保存，时效性强。但是随着新媒体的兴起，报纸的阅读人数有所减少，但它仍是主流的宣传媒介之一。

3. 互联网

互联网是眼下最热门的宣传媒介，其优势在于易于互动，易于吸引眼球，而且信息量大，企业可以较低的成本获得较好的宣传效果。互联网媒介的劣势在于网上信息过多且泥沙俱下，消费者往往对各种信息都粗略查看，很难有深刻印象。

相比其他媒介，互联网能帮助企业建立会员反馈系统，及时帮助企业进行客户管理，有利于企业与消费者互动，便于企业了解消费者的真实想法，从而使企业为消费者提供其需要的产品或服务等。

4. 杂志

杂志的特点是信息量大、可观赏性强、艺术性强，尤其是现在的很多杂志印刷都十分精美，宣传质量和效果都非常好。因此，尽管新媒体抢走了杂志的一部分客户，但杂志仍占据着十分重要的位置。如今，很多杂志都主动推出了电子版，增强了适应能力。

5. 户外广告

常见的户外广告有路牌、灯箱、公交车体、地铁车厢、报刊亭等，户外广告往往通过优美的图片或视频吸引路人关注，以达到较高的曝光率，实现宣传的目的。

这类广告的优势是制作精良、内容丰富多彩、容易给人带来视觉上的美感或震撼，消费者较易留下深刻的印象，内容可以随时更新，操作简单等。目前，很多企业在新品上市时都采用此类方式进行宣传。

6. 广播

广播在过去很长一段时间里广为流行，目前已被电视、智能手机等取代，但仍有数量可观的用户，尤其是具有鲜明主题的广播。

7. 墙体

墙体广告的主要投放区域在二三线市场，在其繁华区域、高速公路边、铁路边、公路边等常见大面积的可视化墙体广告，如京东商城就采用这种方式来宣传企业。

现在，很多企业都自己建立了大面积的可视化墙体，一方面可以美化环境，另一方面可以宣传企业，可谓一举两得。

8. 海报

海报的运用范围也很广，如电影海报、学术报告类海报、企业海报、广告宣传海报、个性海报、体育比赛海报等，其中多数印制精美，易吸引眼球，给人留下深刻印象。

海报主要在人群聚集或人流量较大的地方发放，当然也可以直接邮递。

9. 手机广告

除了传统的短信息、彩铃、彩信等方式外，还有各种 App。现在，很多企业都会定制专属手机，然后以优惠的价格售卖，当然企业这么做并非为了做善事，他们在定制手机里预装了很多与企业有关的 App，是宣传企业的一种方式。

随着智能手机的普及，"低头族"群体逐渐壮大，针对"低头族"群体进行营销已成为当下的营销热点。

7.2.2 宣传册的设计

宣传产品在营销中占据着非常重要的位置，它通常是人们了解产品的第一道窗口。如果宣传产品不吸引人，就无法给人留下深刻的印象，宣传的效果也就可想而知。本小节以企业宣传册为例，讲述宣传产品在设计上应注意些什么。

企业宣传册多以纸质材料为载体，用于传播企业产品、服务或文化等，是最直接的一种宣传形式。

企业宣传册通常由扉页、前言、目录、内容、封面、封底、环衬等组成。其设计要求整体美观大方，从开本、文字艺术、内容排版、板式变化到宣传册的主调、色彩，再到纸质的挑选、印刷的质量等都需有严格的要求，如此才能制作出一本质量上乘的企业宣传册。

通常来说，制作一本企业宣传册的流程如图 7-7 所示。

图 7-7　制作一本企业宣传册的流程

1. 前期分析

企业宣传册是塑造企业形象的第一道窗口，因此在设计上应突出产品、服务、文化等，突出企业的优势，这样才能使企业宣传册从千篇一律的宣传册海洋中脱颖而出，给消费者留下深刻的印象。

其设计应有侧重点，或强调产品，或强调企业服务，或强调企业文化，或强调企业的优势，或强调企业的市场价值等。设计可以华丽一些，但一定要有侧重点，否则就容易给消费者带来混乱、不知所云的感觉。

其主调应与企业所属的行业、所提供的产品或服务相吻合，如科技企业要突出科技感。其配色应讲究和谐统一，避免给人眼花缭乱之感。

2. 编辑内容

企业宣传册有多少含金量要看企业宣传册的内容，它通常会先介绍企业理念、发展历程、企业文化等，然后介绍产品、产品分类，最后是总结语。为了追求精美，企业宣传册通常采用图文结合的形式。企业宣传册内容事关消费者对产品、对企业的印象，因此要格外注意以下内容，如图 7-8 所示。

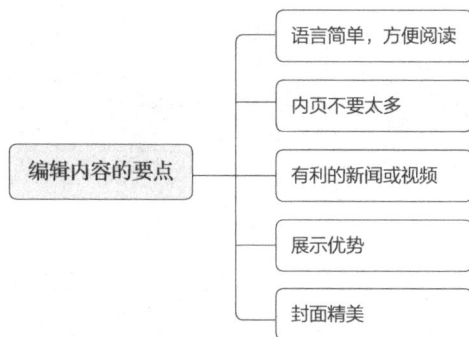

图 7-8　企业宣传册编辑内容的要点

·语言简单，方便阅读。企业宣传册是面对所有消费者的，消费者受教育的程度不一样，因此宣传册语言应尽量简单、轻松，方便读者阅读。除非特殊行业需要，否则宣传册不要使用晦涩难懂的文字，因为没人愿意花费时间去理解这些高深的文字。

·封面精美。企业宣传册的外观要精致美观，要能突出企业形象，给消费者直观的美的感受。

·展示优势。企业宣传册本意是宣传企业，应重点展示企业的优势和独特的竞争力，描绘企业所取得的成就，使用企业产品会给消费者带来哪些好处，企业的光明前景，等等，以增加消费者对企业的信任。

·有利的新闻或视频。如企业获得表彰的新闻和视频、企业发生的一些重大事件的视频等。

·内页不要太多。消费者没有耐心去阅读一本多达几十页的企业宣传册，因此内页要简略，保持在七八页最好。其内容最好配以图片，这样才更美观，易吸引消费者关注。

3. 设计排版

设计排版在企业宣传册的制作中也占据了很重要的位置。一般来说，设计排版要注意以下几点，如图 7-9 所示。

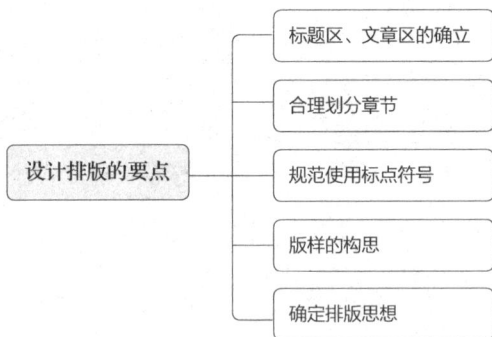

图 7-9　企业宣传册设计排版的要点

·确定排版思想。版面是由多种内容组成的，要确定每个版面的重点宣传内容，分清重点内容和辅助内容，以便引导消费者阅读。

·版样的构思。版样要能体现出独特的版式风格，将主题更好地突显出来。唯有确定版样，组版人员才可以按照版样"施工"。

·标题区、文章区的确立。这是版面设计的第一道工序。文章区的确立通常包括确立文字区、图片区等在版面中所占据的位置。然后是标题区的确立，标题区要醒目，同时也要留有余地，以便调节。

·合理划分章节。如果内容过多，则可使用"一、二、三、四、……"的形式来进行章节划分，当然也可以用其他形式，如阿拉伯数字等。

·规范使用标点符号。这是最容易忽略的部分，标点符号通常使用全角符号。

4. 印刷制作

经过前面的流程后，企业宣传册已具有雏形，可以印刷制作了。企业宣传册印刷制作要注意以下几方面，如图 7-10 所示。

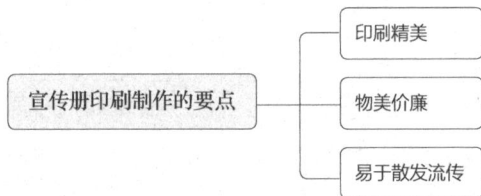

图 7-10　企业宣传册印刷制作的要点

·印刷精美。跟杂志一样，企业宣传册也要求印刷精美，色彩鲜明，因此要充分利用先进的印刷技术，注重图文并茂，带给消费者视觉上的美感。

·物美价廉。企业宣传册印刷既要精美又要价格实惠，可根据印刷数量来选择印刷机构。如果印刷数量较少，则可以选择街边的快印店；如果印刷数量是1000 册，则可以选择广告公司；如果印刷数量超过 1000 册，则可以选择印刷厂。

·易于散发流传。企业宣传册主要是散发到消费者手中，供消费者阅读，因此印刷时要考虑散发方式。宣传册开本较小，则可邮递给客户；宣传册开本较大，则宜直接分发给消费者。

经过胶片晒版、印刷、打包装订、发货等环节，企业宣传册就可用于宣传了。

7.3　体验式营销：打造宾至如归的感觉

在宜家家居，客户经常会在模拟卧室里商议该给家里的卧室买哪些家具、饰品等，也有客户在卧室床上躺下，试一试床的舒适度，除了卖场打扫卫生的阿姨会打扫卫生外，宜家家居店员不会来打扰客户。在宜家家居，客户可以随意走动，可以在任何一张沙发上坐下或床上躺下休息。

即使在淡季，宜家家居卖场也是人头攒动，人气旺盛。宜家家居如此受欢迎的原因在于其成功的营销模式，这种模式被人们称为体验式营销。

7.3.1　什么是体验式营销

如今，产品逐渐多样化和复杂化，可替代品或类似产品也越来越多，导致产品竞争白热化。产品要想有好的销量，只通过宣传让客户了解产品的优势和特点是不够的，销售应建立在信任的基础上，唯有客户信任产品，才能达成销售，甚至进一步将客户转化为忠诚客户，而做到后者最好的营销方式便是体验式营销。

所谓体验式营销，指通过看、听、闻、尝、使用、感受、参与等手段，充分调动消费者的感官、情感、情绪等感性因素，同时调动消费者的思考、联想、行动等理性因素，影响消费者对产品的感受，从而达成销售的一种新型营销方法。体验式营销的特征如图 7-11 所示。

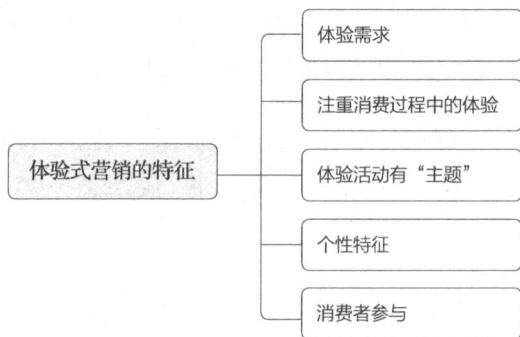

图 7-11　体验式营销的特征

举个简单的例子。大家都有买西瓜的经历，假设路旁有两个人在卖西瓜。一人大声吆喝："便宜西瓜，西瓜便宜，只要五毛钱一斤，你可以买回去尝尝，不甜不要钱。"

另一人则是将西瓜剖开，让你拿起一片尝尝，你觉得好吃再买。如果你遇到以这两种方式卖西瓜的人，你会选择买哪一个人的西瓜？事实证明，大多数人都会选择后者，尽管后者的西瓜价格可能比前者高一些。

第一个人销售西瓜的方式属于传统方法，第二个人销售西瓜的方式则是体验式营销，消费者品尝到西瓜后，会获得一种体验，即西瓜很甜，因而会有购买的冲动。

由此可看出，体验式营销是以消费者为中心，以消费者的感受为基础，通过某种方式或手段设计一种场景，让消费者产生有关产品的体验，从而促成销售的一种营销方式。

体验式营销的重点在于体验。体验指某件事给人们带来的感受，不管该事件是真实存在的还是虚拟的，只要给人带来感受就属于体验。为了便于区分，人们将多样化和复杂化的体验分为以下几种类型，如图 7-12 所示。

感官体验	也称知觉体验，将视觉、嗅觉、听觉、味觉等在营销上加以运用，让消费者去体验，引发其产生购买动机，达成销售
思维体验	通常采用某种创意方式激发消费者的思维活动，使其获得认知和解决问题的新方法
行为体验	指让消费者亲自去体验，通常是指出消费者做事的其他方法、消费者生活的替代形式，提升消费者的生活体验，引导消费者改变原有的生活方式
情感体验	通过各种方式激发消费者的情感感受，让消费者在使用产品或接受服务的过程中体会亲情、爱情、友情等情感感受，从而打动消费者，促进销售
相关体验	通过某种方式帮助消费者进行自我改进，以增加其自身的优势，在这一过程中建立消费者对品牌的偏好，是引导消费者成为忠实客户的手段之一

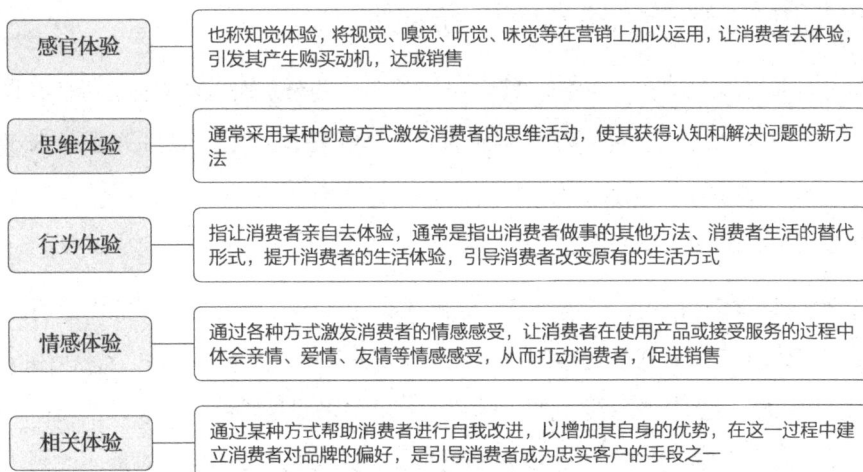

图 7-12　体验的类型

依照体验类型，体验式营销的策略可以此为基础分为以下几种，如图 7-13 所示。

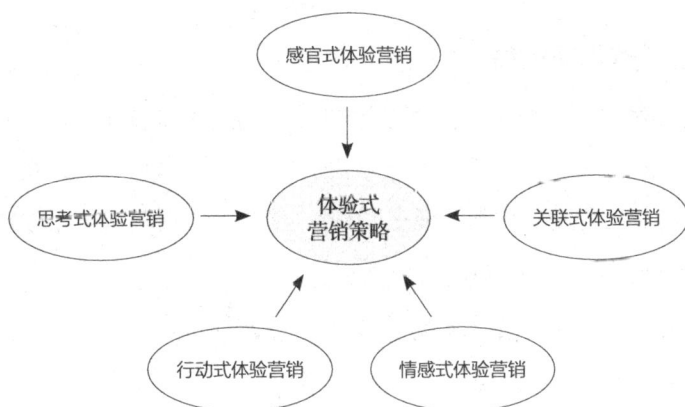

图 7-13　体验式营销策略

·感官式体验营销，以消费者的感官体验为基础，目的是创造知觉体验。比如，有些产品重点塑造"清新文艺"的感觉，让消费者在使用产品的过程中有"清新文艺"的感觉，这种感觉能将产品与其他类似或替代产品区别开来，促使消费者购买。

·思考式体验营销，以消费者的思考体验为基础，重点在于激发消费者的思维活动，使其获得认识和解决问题的新方法。

·行动式体验营销，通常通过具有一定影响力的公众人物来激发消费者的购物欲望，使消费者的生活得以改变，从而提升产品的销量。比如，耐克就曾找来知名运动员做"just do it"广告，该广告中，运动员穿着耐克鞋创造了一个又一个的奇迹，从而激发消费者的购物欲望。

·情感式体验营销，以消费者的情感体验为基础，激发消费者的内心情感，创造情感体验。比如，在优乐美奶茶广告中，女生问："我是你的什么？"男生答："你是我的优乐美。"女生不高兴，撇嘴说："原来我是奶茶啊。"男生说："这样我就可以将你捧在手心了。"女生咧嘴笑了。从这则广告中消费者能感受到"甜蜜爱情"，从而触动消费者并使其购买产品。

·关联式体验营销，指包含感官、情感、行动、思考等体验的综合营销，这类营销方式常运用于化妆品、日常用品等行业。

7.3.2 体验式营销的流程

消费者通过体验感受到产品的优势或其与其他产品的区别，从而激发购物动机，购买产品，这就是体验式营销。随着时代的发展，体验式营销在企业营销中占据的位置越来越重要，比如，现在很多企业都推出了体验店，目的就是提升消费者的体验，提高产品的销量。

一般来说，体验式营销要遵循以下流程，如图 7-14 所示。

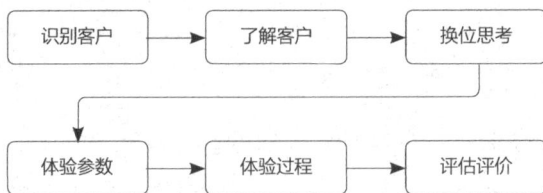

图 7-14　体验式营销流程

1. 识别客户

企业通过一些技术手段，根据用户的特征、购买记录等识别目标客户，明确客户的范围，然后提供购物前的体验，这样做能够大幅降低营销成本。识别客户主要是识别有价值的客户、识别潜在客户、识别客户的需求，如图 7-15 所示。

企业还可对客户进行细分，按照学历、年龄等划分，为不同类型的客户提供不同的体验，以便客户能获得更好的体验。

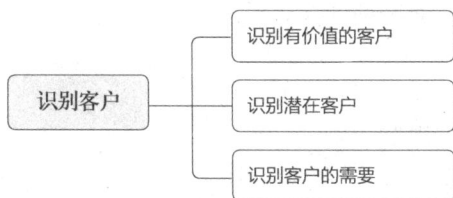

图 7-15　识别客户

2. 了解客户

企业识别客户后，就要对这些客户进行深入了解，了解客户的购物水平、需求、特点等，了解客户需要什么、担忧什么或有什么问题需要解决，以便提供相应的体验来解决客户的需求、担忧或问题。

3. 换位思考

换位思考指的是营销人员站在客户的角度去思考，找到客户的利益点，弄清客户的忧虑，根据这两点来决定应重点向客户提供哪部分的体验。

4. 体验参数

企业应明确产品或服务的卖点，并形成多个参数，以便客户根据需要自行体验，从而提升客户体验。比如，服装颜色是否符合客户的需要、服装风格是否是客户喜欢的风格等，设置多个体验参数能帮助客户从多个方面对产品进行评价，也能帮助营销人员更精准地掌握客户的需求。

5. 体验过程

营销人员提供产品或服务，让客户体验，在这个过程中要密切关注客户的表情、语言等有关体验的部分，记录客户的体验过程，以便后续管理。

6. 评估评价

客户体验产品或服务后，营销人员还要对整个体验式营销进行评估评价。

其评估评价主要从以下几个方面着手：客户体验效果如何，客户有什么抱怨或不满意的地方，是否解决了客户的问题，客户是否有购买倾向，客户有哪些建议等。

根据这些信息，企业就可以对体验式营销进行评估，改进营销的流程和方式，优化营销体验，为下一轮营销做好准备。

7.3.3　如何提升客户体验

过去消费者购买产品是为了获得产品的实用功能，如今由于产品差异化渐小，消费者购买产品更多的是考虑到内心的感受。如果消费者体验好，产品销量就会增加，企业获得收入，可以为客户提供更丰富和更有吸引力的产品和服务，从而形成业务发展的良性循环。

体验虽说是抽象词，但并非是不可量化的，我们能轻易感受到哪家企业带给我们的体验好，哪家企业的体验不好。在购物选择上，我们会倾向于选择体验好的那家企业，而无视体验差的那家企业。

新企业要想在产品和商业模式创新上获得成功，就必须以客户体验为中心，重视客户体验，不断提升客户体验，将客户体验作为产品研发和营销的基础，这样才能从竞争中脱颖而出，赢得生存机遇。

企业在营销中必须将"客户体验"放在首位，围绕"客户体验"来做营销，如果脱离了"客户体验"，那么营销只能以失败告终。企业应从以下几个关键点出发来提升客户体验，如图 7-16 所示。

| 围绕客户需求 | 击中客户"痛点" | 主题先行原则 | 强烈的参与感 | 注重沟通 | 方法和工具多样化 |

图 7-16　提升客户体验的关键点

1. 围绕客户需求

体验是客户在使用、接受某种产品或服务的过程中受感性因素或理性因素影响而产生的一种感受。一个好的产品或服务应契合客户的实际需求，给客户带来新颖的体验，因此企业应站在客户的角度，不盲目追求产品或服务功能的大而全，而是通过体验式营销把握客户的需求，同时根据客户需求的变化改进产品或服务。

客户在消费时虽会进行理性选择，但也会有感情方面的追求，因此营销人员不能孤立地思考产品，而要通过各种方法为产品创造综合效应，延伸产品的内涵，以提升客户体验。客户在购物过程中的体验是决定客户满意度和忠诚度的关键要素。

2. 击中客户的"痛点"

产品如果不能解决客户的需求，设计得再华丽、功能再齐全都是徒劳。唯有击中客户的"痛点"，才有可能满足客户的核心需求，做到这一点的产品不在少数，如小米手机、滴滴打车等。

击中客户的"痛点"就是产品能够满足客户的需求，解决客户的问题，或者能触动客户的情感，能给客户带来价值。这就要求企业在产品及其后续营销上敏锐把握客户心理，捕捉客户需求，如此才能击中客户的"痛点"。

3. 主题先行原则

体验式营销应遵循主题先行原则，即整个营销过程要围绕一个主题，产品或者服务都以此主题为中心，当然也可以有"主题道具"，如主题公园、主题聚会、主题滑雪等。主题是营销人员在市场调查、搜集客户资料等的基础上设计出来的，应有严格的计划、实施过程、控制、后续管理等。

4. 强烈的参与感

人都有自我表达的欲望，而自我表达往往以参与形式表现，即客户参与产品或服务，从中获得切身体验，就仿佛产品和服务与自己产生了联系，从而激发客户的购买欲望。因此营销不能只考虑产品的特点和功能，还要考虑到客户的需求，考虑到客户能否参与其中。

企业可以采取下面两种方法来增强客户的参与感。

①让客户发表意见、建议，参与生产等，企业可根据客户的想法做出适当改变，但应坚持自己的底线。

②与客户进行沟通，公布产品的进度等，企业将客户当作"主人翁"，会让

客户从心里萌发信任感，而信任是销售的基础。

5. 注重沟通

沟通也是客户体验的组成部分。不重视沟通的营销活动，多会以失败告终。沟通是企业拉近与客户之间的距离的最佳方法。因此体验式营销中应注重沟通，营销人员应注意沟通技巧，与客户形成有效互动。

6. 方法和工具多样化

体验应是丰富的、多彩的，而不是枯燥的、乏味的，否则客户将失去参与的兴趣和动力，体验式营销只能以失败告终。体验是五花八门的，营销人员应借助多样的方法和工具，让营销活动变得更有吸引力，比如，可以采用微电影、互动游戏等方法，也可借助海报、面具等工具，使整个营销活动有趣有益，让客户乐于参与其中，产生心理共鸣，从而达成销售。

7.4 故事营销：用故事塑造公司品牌

十几年前，假设企业融资时只是谈论梦想、模式，而不是企业的盈利状况，那么它就会被视为一家没有实力的企业；而在今天，很多企业都善于谈论梦想、模式、客户等，谈论盈利状况已经落伍，如果一家企业只懂得谈论盈利状况，则易被人看作除了能赚钱外毫无优点的企业。

姑且不论这种转变的好坏，但那些只是讲故事、谈论梦想的企业通常会成为融资赢家，那些不懂讲故事的企业在融资路上困难重重。为什么会这样呢？原因就在于讲故事也是塑造企业品牌的一种方法，会讲故事的企业更易得到投资人、客户的青睐。营销也是如此，甚至因此而形成一种新型营销方法——"故事营销"。

7.4.1 什么是故事营销

钻石本来只是一颗普通的石头，因其有着独特的内在结构和属性，会发出耀眼无比的光芒，很惹人喜爱，因此有些贵妇人会将钻石作为装饰品，而这时钻石的地位并不高。

直到有一天，一个钻石商人希望能通过钻石获取巨额利润，因此他决定给予这种普通石头一个故事：光阴荏苒，斗转星移，世间并不存在永恒的东西，但钻石却是例外。钻石能够见证你们永恒的爱情，如果他真心爱你，他会送你钻石，这象征着你们的爱情永恒。

简单的故事，赋予了原本只是孕育于地球深处滚烫岩浆中的石头新的意义，使其成为永恒的信物，代表着永恒之心，表达着永恒之爱，成为爱情的代名词，仿佛拥有钻石就拥有了天长地久、永不变心的爱情。从那以后，钻石就成了恋人们的信物。钻石的坚硬代表着爱情的坚贞不渝，钻石的纯净代表着爱情的纯洁，钻石的璀璨象征着爱情的热烈，钻石的独一无二代表着爱情的专一。

钻石一下子由非必需品成了必需品，因为每个人都需要爱情。钻石商人再也不愁钻石的销量了，因为每年陷入爱情中的人数不胜数，钻石已供不应求，价格一再上涨。

钻石由一颗普通的小石子一跃成为众人都渴望拥有的宝石，由可有可无的装饰品变成表达爱情的必需品。钻石还是那颗钻石，所不同的是钻石有了新的意义，而这个意义是通过讲故事的方式获得的。

这就是故事营销的魅力，让一个原本销量寥寥的产品成为众人争抢的热门产品。

故事营销指通过讲故事的方式赋予产品新的意义，使其具有某种象征意义或某种能触动人们内心情感的新概念；或者是创造某种需求，然后人们通过购买产品获得意义、情感或满足其他需求。

这种营销方式的特点是成本低、易于传播，可以以低成本塑造产品品牌和企业品牌，即以故事成就品牌价值，同时传播品牌。故事的魅力就在于人们容易有代入感，仿佛故事中所讲的事听的人也曾经历过，人们容易产生共鸣、增强对产品的信任感，从而达成销售。

没人愿意听枯燥乏味的大道理，智威汤逊广告公司 CEO 曾说过，我们的目标是将常见的老鼠变成米老鼠。对于老鼠，喜欢的人并不多，但是米老鼠不一样，它可以给人们带来欢乐，人们会喜欢米老鼠。而老鼠和米老鼠的不同之处，就在于后者通过讲故事的方式塑造了米老鼠这一品牌。

成功的品牌背后几乎都有一个让人难忘的故事，这个故事涵盖了品牌的创建历史、内涵、精神、象征等，在讲述过程中，潜移默化地完成品牌的传播，给客户留下深刻印象，下次客户想购物时，会很自然地想起这一个品牌。

如今，广告随处可见，产品要想传播，如果不穿上故事这件外衣，就会像擦肩而过的陌生人，很容易被人们遗忘；但如果产品有了故事，则易给人们留下深刻印象，以至于人们长久不忘。

7.4.2 故事营销的 "3W1H"

每个人都喜欢听故事，尤其是在信息爆炸的时代，每个人都置身于故事海洋中。琳琅满目的产品已无法轻易获得人们的青睐，产品的功能、包装、外观等已无法成为人们购买的动力，毕竟类似的产品太多，而产品背后的故事却成为人们愿为之买单的新动力。

一个好故事所具有的价值是无法用金钱来衡量的，故事会一直存在，会一直在消费者中间流传，不断地传播……

DOVE（德芙）：DOVE 是 DO YOU LOVE ME 的缩写，它的背后是一个地位卑微的厨师和地位高贵的公主之间坚贞不渝的爱情故事，双方历经磨难和波折，直到最后一刻，厨师和公主才明白彼此的爱意，但明白得太迟了，3 天后，公主就离开了人世，厨师悲痛不已，苦心研制出了德芙巧克力，旨在告诉天下有情人爱要及时说出口……

可口可乐：可口可乐秘方的故事一直广为流传，企业高层曾把秘方锁进银行的保险柜里保存起来，其间还曾发生秘方被盗事件，种种围绕秘方的故事为可口可乐蒙上神秘面纱，显得神秘莫测，吸引人们品尝这独特秘方所制作出的可口可乐到底是什么味道……

ZIPPO：二战期间，很多士兵都有一款 ZIPPO 打火机，晚间可以把玩 ZIPPO 打火机消磨时间，或者在它的照耀下写一封家书，不只如此，ZIPPO 打火机还曾救过士兵的性命，子弹打中 ZIPPO 打火机，机身被打得凹进去，士兵却因此逃过一劫；后来还曾有飞行员利用打火机的火光引导救援队找到自己……在很多人眼里，ZIPPO 就是打火机，但男人将拥有一款 ZIPPO 打火机视为成熟的标志。

上面 3 个品牌的故事都塑造得非常成功，将故事完美契合到产品品牌中，契合到营销之中，因此很多人在买打火机时会买 ZIPPO，想喝饮料时会选择可口可乐，选择巧克力时会选择德芙……这就是故事带来的潜移默化的影响。

通常来说，要讲好一个故事，就要掌握故事的"3W1H"，如图 7-17 所示。

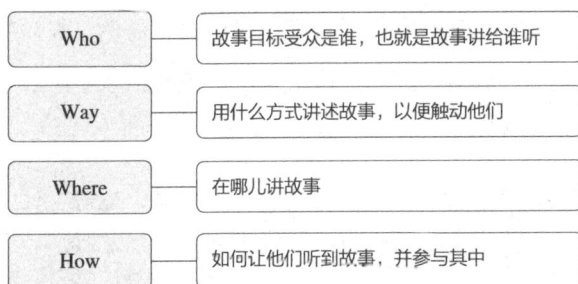

Who	故事目标受众是谁，也就是故事讲给谁听
Way	用什么方式讲述故事，以便触动他们
Where	在哪儿讲故事
How	如何让他们听到故事，并参与其中

图 7-17　故事的"3W1H"

构思故事时应明确以下几点内容。

·故事受众是谁，他们会喜欢怎样的故事，故事的讲述风格是通俗还是严肃等，由谁来讲。

·用什么方式讲述故事，是海报方式、文字方式，还是视频方式。

·在哪儿讲故事，故事发生地点是哪儿。

·如何讲故事，如何让受众听到故事，并让他们参与其中。

一个好故事还需满足以下两点，即真实和正能量。

·真实指故事要真实可信，不是说故事必须是真人真事，而是要能够自圆其说，如果故事被消费者找到漏洞，产品就难免被打上虚假的标签。

·正能量指故事要传达真善美，演绎真情，如丑小鸭的故事流传至今的原因就在于故事体现出了人们对真善美的追求。

当然，一个故事能否流行起来，受很多因素的影响，包括环境、经济状况、人们的收入水平等。马尔科姆·格拉德威尔在《引爆点》一书中，阐述了引爆流行的 3 条法则：个别人物法则、附着力法则、环境威力法则，如图 7-18 所示。

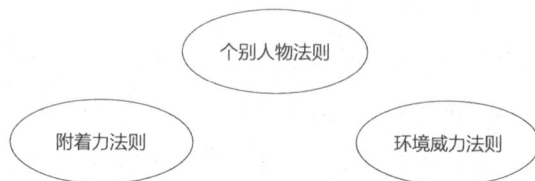

图 7-18　引爆流行的 3 条法则

·个别人物法则，如某剧热播的原因是"明星"带动了媒体和网民。根据社会学的"扩散理论"，故事要扩散，首先要有一定数量的人相信故事、传播故事。这些人就属于"个别人物"。

·附着力法则，指流行事物本身的内容必须过硬，最好能让人过目不忘或至少给人留下深刻的印象。这是对故事内容的要求。

·环境威力法则，指环境对故事能否流行影响很大。当很多人都谈论某种产品时，你就会产生一种你也要使用这种产品的念头，这种环境对你很有说服力。

人是很容易受环境影响的，也很容易感受到来自身边环境的影响，正是这种影响促使我们做出一个又一个的决定。

通常来说，讲故事很难一次就成功，需要长期坚持，需要不断地渗透和铺垫，才能给消费者留下深刻的印象。讲故事的目的是激发消费者的欲望，触动消费者的情感，潜移默化地影响消费者，从而促使消费者购买产品。

讲故事的目的并非只是娱乐消费者，而是塑造产品品牌，宣传企业形象。讲故事是与消费者沟通的过程，也是说服消费者的过程。然而讲好一个故事并不容易，因此营销人员在讲故事时应遵循"3W1H"原则，为消费者讲述一个完美的故事。

7.4.3 常见的故事类型

互联网发展带来的一大利好是扩大了长尾经济效应，即增强了"草根"的力量。企业可以借助故事塑造产品品牌、企业形象，获得消费者的好感，可以说互联网时代是故事营销的最好的时代。企业必须讲故事，不然消费者就会被其他企业的故事吸引，成为其他企业的忠诚客户。

故事营销的关键在于讲出一个好故事。讲好故事的难度不亚于产品研发，但讲故事也是有套路可循的，下面介绍几种常见的故事类型。

1. 创业型故事

创业型故事主要讲述创业的艰难、讲述产品从无到有的过程。很多企业都曾用创业型故事打动消费者，如香奈儿的故事，即其创始人 Coco Chanel（原名 Gabrielle Bonheur Chanel）的故事，很多消费者购买香奈儿产品是出于对其创始人的敬意。

因此，创业者的个性对讲述创业型故事来说至关重要，甚至能够决定故事营销的成败。

2. 传播型故事

我们经常会看到一个产品猛然走红，好像一瞬间，大家都在使用这种产品、谈论这种产品。例如褚橙，说到底也不过是橙子的一种，然而褚橙却成为人们印象最深刻的橙子品牌，这得益于褚时健。褚时健的故事广为流传，尤其是其"十年磨一剑"种植褚橙，以图东山再起的理念打动了人们。一些知名人士纷纷为褚橙捧场，褚橙因此名声大噪，并被蒙上励志的光环。消费者购买褚橙，表达对褚时健的支持并激励自己奋进。这就是传播型故事。

3. 人物型故事

人物型故事主要讲述创始人的故事或企业高管的故事，这类故事看似以宣传人物为主，实际上却是塑造企业形象，意在引发消费者对人物所在企业的产品的兴趣，从侧面起到拉动产品销售的作用。人物最好是有个性的、幽默风趣的，如此才能拥有更多的关注者。

4. 风格型故事

走差异化路线，塑造与众不同的风格，塑造专属企业的风格，使消费者一看到类似风格就会联想到该企业。如某凉茶产品多年来一直坚持红罐包装，使人们现在一看到红罐包装，就会想到该凉茶产品。

以上是最为常见的 4 种故事类型，不过故事类型很多，不一定局限于使用这 4 种，营销人员应根据企业需要、产品营销需要决定故事类型。

7.4.4 故事营销的实用技巧

在互联网时代，企业随时可以通过讲故事的方式打造品牌、塑造形象，从而打开市场、提升销量，这种成本低、效果却甚佳的营销方法应该成为每个企业的标配。

不过故事营销最终的效果如何，与营销人员所采用的技巧有很大关系，一次效果出色的故事营销背后少不了技巧的支持，那么营销人员应掌握哪些实用的故事营销技巧呢？

1. 内容是基础

故事营销的重点应是故事内容，故事内容比传播形式更重要，消费者更加关注故事讲述了什么。营销人员应当从产品定位、受众人群、遣词造句、价格策略、概念等方面来检查故事内容，如果故事内容不牢靠，产品则无法获得较好的营销效果，甚至会被消费者找到内容上的漏洞，给产品贴上不真实、虚假的标签，这就得不偿失了。

2. 重点塑造标题

标题应新颖有趣，能立刻抓住消费者的眼球。有时标题甚至能决定营销的成败。标题应标新立异，像"钩子"一样直接勾起消费者的兴趣，让人欲一睹为快。

3. 强化文案可读性

故事应契合产品，情节上必须与产品挂钩，否则再好的故事也无法使消费者将其与产品关联起来，只能使消费者云里雾里。情节铺垫要服务于主题、紧扣主题。

故事细节要真实、可靠、耐读，引人入胜。故事语言应尽量简洁、精练，可以使用一些朗朗上口的俗语，尽量不使用长句。

4. 跟随热点

热点本身就有很多人关注，营销人员要懂得借势，搭上热点的"顺风车"。每当有热点出现时，我们经常看到一些企业适时推出热点故事。如科比退役之战，很多企业都发布了与科比有关的故事，尽量将科比与企业的产品、服务等挂钩，以获得人们的关注。

在借助热点时，应借助正能量、积极向上的热点；如果企业发布与负面热点有关的信息，则可能带来相反的效果，影响企业形象。

5. 多渠道、多方式传播

故事营销应采用多渠道、多方式，进行立体式传播，以达到最佳传播效果，如可采用电视专题片、电台讲座、互联网视频、终端、墙体等方式和渠道。

6. 后续服务

故事进行传播后，感兴趣的消费者会通过电话、访问企业网站等方式了解产品，这就需要企业做好后续的服务工作。

7.5 微信营销：自媒体营销的操作技巧

如今最火爆的手机应用莫过于微信了，甚至就连不经常使用社交应用的人也被吸引，很多人还通过摇一摇、附近的人等功能添加好友，扩展人际关系。而在微信卖东西的人也非常多，一时间，好像身边的人都在用微信做营销，而且赚得盆满钵满。

微信庞大的用户群基础，让营销专业人士找到了一个新的营销载体，以微信为载体建立营销网络。微信营销成了企业营销的新利器，对塑造产品品牌、打造企业形象有着举足轻重的作用。

在网络推广的年代，微博已占据网络营销的半壁江山，微信作为后起之秀悄然成为企业连接线下、线上营销的桥梁。企业可充分利用微信庞大的用户群基础，提高企业的知名度和影响力。微信的优势如图 7-19 所示。

图 7-19　微信的优势

微信的优势远多于图 7-19 所列。另外，微信针对客户服务开展、营销效果监督、用户行为数据分析、客户扩展等进行了深度开发，成为企业可以大展身手的平台。微信营销成为企业营销的重要方法之一。

微信营销是指以微信为载体为用户提供产品或服务的一种营销行为。微信营销效果多取决于微信技巧的使用，本节主要讲述多种微信营销的技巧，以帮助创业者实现营销价值最大化。

7.5.1　助力思维，裂变式传播

微信营销是伴随微信的流行而产生的一种新型营销方式。时代变了，企业的营销模式也应与时俱进，如果企业固守传统的电视营销、报纸营销等方式，就会落后于时代，一不小心就会被竞争对手超越。

微信正在深刻改变人们的生活，微信自媒体的快速崛起改变了人们阅读的方式，微信理财通改变了人们的理财方式，微信朋友圈成为人们展示生活的社交圈，微信成为人们联络的常用工具。在朋友圈，人们经常会看到一些广为传播的朋友圈营销内容。微信营销见效快、传播广、影响深远，正悄然取代传统电视、报纸等营销方式，一个崭新的营销时代已然来临，而微信营销正是这个崭新时代的典型代表。

裂变式营销是营销人员最喜欢的营销模式之一，也是难度较高的一种营销模式，适用于推广产品、塑造品牌、推广网站等。病毒式营销主要靠用户的口碑传播，引导用户主动进行口碑传播，其传播速度像病毒传播一样快速。对企业来说，这种营销模式主要靠用户自动传播，因此成本几乎可以忽略不计。

通常来说，要想达到裂变式传播的效果，其营销应包含以下六大要素，如图7-20所示。

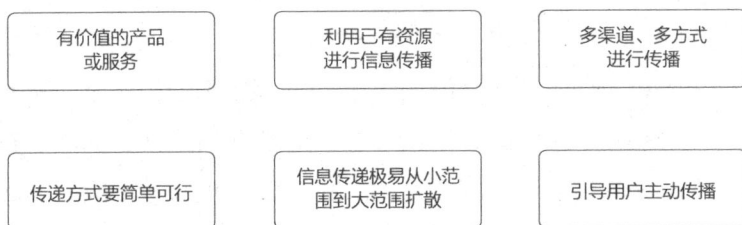

有价值的产品或服务	利用已有资源进行信息传播	多渠道、多方式进行传播
传递方式要简单可行	信息传递极易从小范围到大范围扩散	引导用户主动传播

图 7-20　裂变式传播的六大要素

由此可看出，作为裂变式传播的一种——助力营销，便满足了上述六大要素，通过朋友的转发和支持，营销内容先在小范围内"引爆"，然后通过转发快速传播到大范围，甚至引起全民关注。

助力营销最常见的形式是技术公司在制作活动网页时，会添加"助力"一栏。用户参加活动，输入个人信息后，如果想获得更多的奖品或更好的服务，就需要将相关内容转发到朋友圈，让朋友来助力，而且助力的人数越多，用户获奖的概率就越大。为了吸引助力者参与其中，助力的人也可以参与抽奖，助力者为了提高获奖率，也会进行转发，消息得以快速扩散，从而引发广泛传播。

助力营销的难度要获得良好的营销效果，则需遵循以下流程，如图7-21所示。

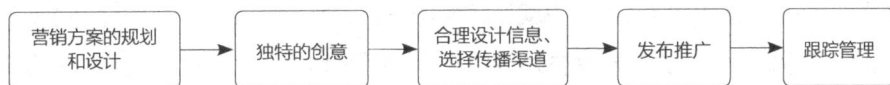

营销方案的规划和设计 → 独特的创意 → 合理设计信息、选择传播渠道 → 发布推广 → 跟踪管理

图 7-21　助力营销的流程

1. 营销方案的规划和设计

营销人员应确认该方案是否满足病毒式营销的六大要素，传播的信息是否对

用户有用，也就是用户是否可以从中获得某种价值，既可以是物质价值，也可以是精神价值（如欢乐、感动、有趣等），并且也要确认信息是否容易被用户传播。

2. 独特的创意

具有创意的营销方案最容易引发病毒式传播，尤其是具有独创性的方案；当然跟风型的方案也能获得一些效果，但通常也需要进行适度创新，以便吸引人们的关注。同一件事情，第一个去做是创意，第二个去做则是跟风，第三个去做则响应者寥寥，甚至可能引起人们的反感。

营销方案要将信息传播和营销目的结合起来，否则只是让人们感受到了某种新奇体验，或者接受了某种服务却没达到推广的目的，这样的病毒式营销对企业毫无用处。但是如果方案的广告气息过浓，则会影响用户自行传播的积极性，因此这一点要格外注意。

3. 合理设计信息、选择传播渠道

助力营销的信息以用户自行传播为基础，但营销人员应对信息进行合理设计，使其看起来更具吸引力，让人们自愿进行传播；同时要考虑信息的传播渠道，采用最便于信息传播的渠道。

4. 发布推广

任何病毒式传播都是由小范围开始的，对传播范围应谨慎选择，应便于用户发现信息且自愿进行传播，然后在大范围内自然传播。

5. 跟踪管理

对营销方案进行整体规划和设计，并引发用户传播后，营销人员是无法掌握最终的营销效果的，但并不是说就这样放任不管，而是要及时进行后续的跟踪和管理，在微信后台掌握参与者的基本数据，同时掌握用户对传播的反应，发现营销中的问题等，吸取经验和教训，为下一次营销提供参考。

7.5.2　抢红包思维，红包营销

除夕，小辈们会从长辈那里得到压岁钱，据传这钱可以赶走一个叫"祟"的

妖怪。后来春节发红包便成为一种习俗，这种红包不在于数额的大小，而是寓意着祝福和好运。随着智能手机的普及，人们发红包的方式也演变为手机发红包。除夕，人们都守在电视前，边看春晚节目，边摇晃手机或刷新屏幕抢红包。

一些营销专业人士就从这种抢红包活动中嗅到了营销机会，即将抢红包和营销结合起来，获得了良好的营销效果。有些电商企业给用户发送店内红包，用户在店内消费达到一定额度即可使用。电商企业看似损失了一些利益，却吸引了众多的消费者来消费，提升了店铺的营业额，其获得的利润远远高于发红包损失的利益，何况电商企业通过发红包进行营销，还推广了品牌。

抢红包思维，指向用户提供一些红包，吸引用户，以便达到广泛传播的营销目的。企业可以多提供一些小数目的现金红包，或者是购物券、优惠券、打折券红包等，给用户带来一定的利益，以激发用户参与的热情。用户为了抢到红包会自行传播，从而使传播效果最大化。

1. 红包营销形式一：普通红包和群红包

红包可分为普通红包和群红包两种。普通红包是用户按照拆红包的条件去做，便可获得一次拆红包的资格，拆开红包便可得到一定的金额或优惠券等；群红包则是提供多个红包，用户可分享到朋友圈，或者发给朋友，或者分享到微信群等，与朋友一起来抢红包，让更多的朋友参与其中，拆开红包即获得随机金额或优惠券等。群红包可以进行多次分享，直到红包被抢完。从传播范围上来看，群红包无疑最有利于营销，但企业应根据实际情况决定发普通红包还是群红包，或者将两者结合使用。

2. 红包营销形式二：口令红包，品牌广告新模式

口令红包就像是为红包设置了一个密码，用户只有输入正确的密码才能拆开红包，这个密码就是口令。口令红包比直接派送红包更有趣，极易吸引用户参与。口令红包如图 7-22 所示。

图 7-22　口令红包

其使用方式为营销人员将产品名字或与营销相关的文字设置成口令，然后向用户发放口令红包，同时在传播中实现营销目的。比如，可口可乐公司在进行红包营销时，可将口令设置成"可口可乐"，用户输入"可口可乐"即可领到红包。

口令红包除了增加营销的趣味外，还能针对潜在用户发放，从而提高红包的使用率。用户的积极分享，还能为企业带来新用户。

3. 红包营销形式三：积分红包，积分也有大用处

长期以来，各企业都采用积分的方式来管理客户，客户在企业进行消费便会有积分，积分达到一定水平，就可成为企业的会员客户或高端客户，并在购物时享受一定的折扣，或者用积分可以免费兑换企业的产品或服务等。

企业可将积分红包发放给客户，客户获得积分红包后可用于消费、兑换产品或服务等；客户也可以将积分红包分享给亲朋好友，亲朋好友可用积分兑换相应的产品或服务。

积分红包的最大特色是企业无须使用现金，而是给予客户一定的积分，客户获得积分后，可用于购物，从而增加企业的销售额。

4. 红包营销形式四：合作红包，与其他企业一起做营销

企业不仅可以自己发红包，还可以和其他企业一起发红包，一起做营销，或者企业可以借助其他企业的平台来发布红包。比如，滴滴打车，它不仅自己发红包，

还变身成分发红包的平台，让其他企业来自家平台上发布红包，以实现资源共享，获得更好的营销效果。

另外，企业也可以与其他平台合作发红包，如可与支付宝、微信等合作，后者具有庞大的用户群基础，企业与这类平台合作，可共享其用户资源，实现红包覆盖最大化，以便吸引更多的用户参与，这是增加企业产品销量、获得更多新用户的捷径。

5. 红包营销形式五：扫码红包，扫一扫即可获得红包

二维码在人们的生活和工作中的使用已经很普遍了，扫码红包也是企业进行营销的方法之一。企业可以创建企业二维码或产品码，为了提高用户扫码的积极性，企业可以设置扫码红包。这种方式既能塑造产品品牌，树立企业形象，也能为企业带来新用户。

企业可在地铁站、公交车站等人口密集的地方设置二维码，并注明扫码送红包，用户看到后便会积极扫码，随手购买产品或享受企业的服务等。这种营销方式的成本很低，现在网上有很多免费制作二维码的软件，企业不会付出太多的营销成本。

红包营销是一种用户参与积极度高、效果甚佳的推广手段，虽然红包普遍只有几毛钱或几块钱，或者是优惠券红包，但抢红包行为本身是积极的、有趣的，还带有祝福意义，用户参与热情极高，因而能够起到营销的作用。

如今，红包营销已成为企业的标配，特别是在节日期间，企业推出红包"与民同乐"，让"全民嗨抢"，而企业就在用户抢红包的过程中实现了营销目的。

7.5.3 游戏思维，兴奋点营销

游戏是人类的天性，没人不喜欢玩游戏。《辞海》里说，游戏的特性是以获得生理和心理上的愉快为主要目的。游戏的黏性很强，所以在玩游戏的过程中，用户容易获得一种精神上的享受，用户玩游戏就是追求快乐的过程。

因此，我们不管是自己玩游戏，还是看别人玩游戏，通常都会感觉很轻松愉快。

如果能够将游戏和营销结合起来，让客户在游戏中接触到营销内容，在营销中享受游戏，对客户和企业来说可谓是双赢。

具体来说，游戏营销具有以下优势，如图 7-23 所示。

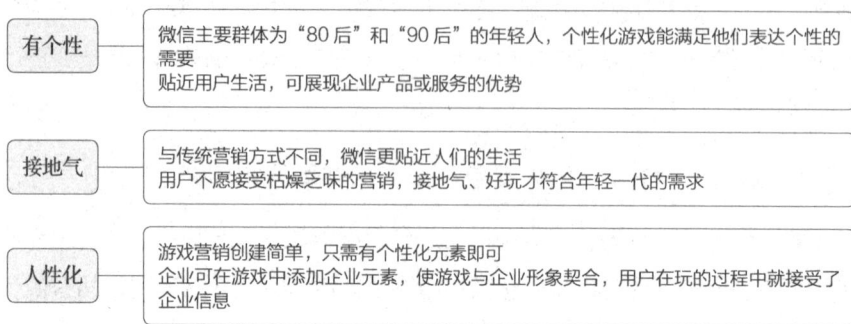

有个性	微信主要群体为"80 后"和"90 后"的年轻人，个性化游戏能满足他们表达个性的需要 贴近用户生活，可展现企业产品或服务的优势
接地气	与传统营销方式不同，微信更贴近人们的生活 用户不愿接受枯燥乏味的营销，接地气、好玩才符合年轻一代的需求
人性化	游戏营销创建简单，只需有个性化元素即可 企业可在游戏中添加企业元素，使游戏与企业形象契合，用户在玩的过程中就接受了企业信息

图 7-23 游戏营销的优势

游戏营销很简单，即通过游戏的转发传播，让用户认识和了解某个品牌。游戏也是微信战略发展的重要方向，其地位仅次于社交，由此可以看出游戏的重要性。

微信游戏本身就有设计新颖、玩法简单、不枯燥、不单调、易于分享、易于与微信好友比拼等特点，尤其是好友比拼，吸引了众多用户参与其中。如果好友中还无人或很少有人玩这款游戏，用户就会将游戏分享出去，毕竟越多人玩游戏才越热闹。"微信打飞机"就是很典型的例子，短短几天，参与人数达到亿级，人人都在谈论"微信打飞机"这款游戏，它设计得很简单，却很好地迎合了用户的心理，抓住了人们爱玩游戏的兴奋点，从而引发了"全民打飞机"的热潮。

如果在这类游戏中加入营销信息，将会获得怎样的营销效果呢？它几乎能使一个名不见经传的小企业瞬间成为极具知名度的企业，这就是游戏营销的效果！如今，很多企业都看到了游戏营销的巨大威力，都纷纷采用这种方式进行营销。

1. 游戏营销，重视游戏也要重视营销

在游戏营销中，游戏占据了很重要的位置，是决定游戏营销成败的重要因素。如果一款游戏枯燥乏味、缺乏互动性，就无法获得用户的喜爱，更别说用户自愿传播、引发大规模的游戏热潮了。所以，游戏是游戏营销的基础。

但游戏的设计应突出营销信息，为此可采用多种方法，如在游戏场景中植入

营销信息、游戏闯关成功可获得产品红包、购买企业产品可获得"重生"等，这是非常重要的。不过在设计上要将游戏放在首要位置，吸引用户参与；将营销放在次要位置，这是游戏营销的基本要求之一。

游戏的营销意味不要过浓，否则会打击用户的参与热情、降低用户转发的自愿程度，将营销信息放在游戏之后，才能发挥出游戏营销的最佳效果。

2. 微信游戏为何会流行

前面讲过"微信打飞机"游戏很火爆，这款制作简单、谈不上精致的游戏何以会风靡起来，甚至引发"全民打飞机"的热潮呢？最主要的原因在于它引爆了用户的兴趣点，同时微信好友间的分数比拼也是这款游戏火爆的重要原因。

微信推出"微信打飞机"游戏的目的是吸引人们关注微信新版本新增的"游戏"功能，因此该游戏设置得很简单，人们能很快掌握玩法。游戏上线后，引爆了用户的兴奋点，那段时间随时可见到疯狂玩"微信打飞机"游戏的人。

很多人都是看到身边有朋友在玩"微信打飞机"游戏，才注意到这款游戏的。同时，游戏设置一个玩家只有 5 架飞机，如果 5 架飞机都"牺牲"了，那么用户只能等一段时间再玩或向朋友索要飞机，事实上，多数人都选择了后一种方式。

通常，手游的生命周期很短，因为人们很容易对一款游戏产生疲倦感。因此，玩家短期内在游戏上花费的时间越多，则越容易感到疲倦；而这款游戏中飞机数量的设置，能够避免玩家短时间内过度玩游戏，增强游戏对用户的吸引力。

3. 游戏营销要注重互动性

没有互动性的游戏就像是单人游戏，无法获得较好的营销效果。因此，游戏要有互动性，要有好友分数比拼、好友排行榜等，迎合人类天性中的好胜心理，激发用户的好胜心和竞争意识。用户为了在排行榜中有个好名次，就会不断地玩这款游戏，营销的目的也就在此过程中不知不觉地达成了。

7.5.4 节日思维，感情传递

节日营销指特殊时期的营销活动。与其他常规性营销活动不同的是，这类营销活动通常在节日进行，因而具有周期性、规律性、集中性、反常性、突发性等特点，如图 7-24 所示。节日营销早已不是新鲜话题，每到节日，我们都有一种置身于营销信息的海洋中的感觉。与我们生活密切相关的服务业、餐饮业等都会适时推出针对节日特点的营销活动。

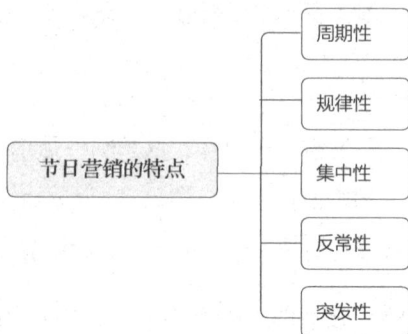

图 7-24　节日营销的特点

节日被营销界视为最佳的营销时机，是塑造产品品牌、打造企业形象的最佳时刻。企业如果能借助节日来开展营销，无疑对企业产品销售、企业形象塑造都是有利的，但营销活动的难点就在于赢得客户的心智资源，促使客户理解、认同企业的品牌理念。

这几年国内的节日营销做得有声有色，如"双十一"淘宝狂欢节等。每年的 11 月 11 日被人们称为"光棍节"，是单身人士的狂欢节日，但是淘宝将其塑造成了一个全民狂欢的购物盛宴。在这天，所有商场、超市、电商企业等都会推出各种营销活动。

2015 年的"双十一"购物狂欢节这天，天猫淘宝销售成交额达 900 多亿元，刷新了以往的"双十一"纪录。全网包裹数量达 6.78 亿，相较于上一年增长了 65.7%。数据显示，手机销售额约占总销售额的 7.52%，家电占比是 9.47%，化妆品占比为 3.83%，母婴用品占比为 1.89%。华为、小米、苹果、魅族等的销售额名列前茅，可谓是这场狂欢节中的最大赢家。

从这一点来看，"双十一"购物狂欢节是节日营销的典范和代表，但从参与企业的营销活动来看，其中存在很多问题，如缺少理念。无理念的促销就如没有感情的恋爱，销售数额可以不断地创纪录，但没有使人们真正记住企业的品牌理念，因此，其营销如果能多些人文情怀和品牌理念则更佳。

从参与"双十一"购物狂欢节的企业来看，多数企业采用价格策略，如打折、送惊喜、送优惠券等，而京东则另辟蹊径，选择从快递上入手，"双十一，怎能用慢递"，这种产业化的营销方法也让京东在当天获得了丰厚的回报。

因此，节日营销的效果跟企业的营销策略、营销方法、营销技巧、营销渠道等有关，要想获得良好的营销效果，企业应注意以下要点，如图 7-25 所示。

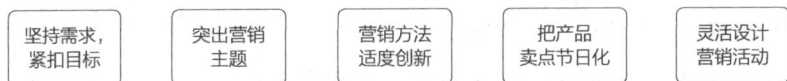

坚持需求，紧扣目标	突出营销主题	营销方法适度创新	把产品卖点节日化	灵活设计营销活动

图 7-25　节日营销的要点

1. 要点一：紧抓需求，紧扣目标

节日营销要想涵盖所有渠道、所有市场是十分困难的，何况普通企业也没有这样的人力、物力资源，因而企业要将有限的资源用在最有可能实现效果的目标客户身上，同时节日营销要有针对性，主次明显。

紧抓需求，主要指分析消费者购买产品的可能性、节日会不会消费、消费额有多少、会接受什么形式的营销等，从而推出针对性的营销活动。

紧扣目标，指营销活动要紧紧围绕目标消费者，以目标消费者的特征来决定营销活动信息的发布渠道，以便让目标消费者了解营销活动信息。另外，营销活动也要迎合目标消费者渴望得到实惠的消费心理，重视营销活动给目标消费者带来的实惠。

2. 要点二：突出营销主题

营销应主题先行，尤其是节日营销，其受众范围广，如果没有营销主题，它最终会泯然于众多营销活动中，无法给消费者留下深刻的印象，更别提引起消费者的购物欲望。

营销主题设计有几个基本要求，如图 7-26 所示。

比如，在劳动节，营销活动要突出劳动的光荣，将主题与消费者的职业等结合起来；在春节，营销活动要突出合家欢乐、新春大吉等主题；在妇女节，营销活动就要突出关爱女性的主题等。

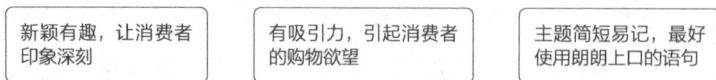

新颖有趣，让消费者印象深刻	有吸引力，引起消费者的购物欲望	主题简短易记，最好使用朗朗上口的语句

图 7-26　营销主题设计的基本要求

3. 要点三：营销方法适度创新

营销方法是多种多样的，如现场秀、购物送积分、送优惠券、打折、送礼品、买一赠一、买产品抽奖等，不过消费者对这些营销方法早已熟悉，因而很难吸引他们。如果企业能在营销方法上进行创新，即使是适度创新，让消费者有耳目一新的感觉，也会吸引消费者积极参与，从而提高产品的销量，如图 7-27 所示。

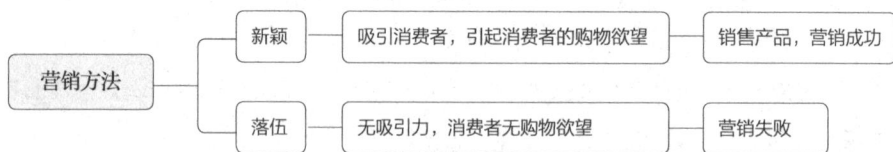

营销方法
- 新颖 —— 吸引消费者，引起消费者的购物欲望 —— 销售产品，营销成功
- 落伍 —— 无吸引力，消费者无购物欲望 —— 营销失败

图 7-27　营销方法创新

4. 要点四：把产品卖点节日化

如何将节日特色和产品卖点结合起来是节日营销面临的一大考验，针对不同的节日，消费者的消费心理也不一样，因此产品卖点必须节日化，借"节"造势，打"节日牌"，赋予产品更多的节日气息。产品卖点节日化的要点如图 7-28 所示。

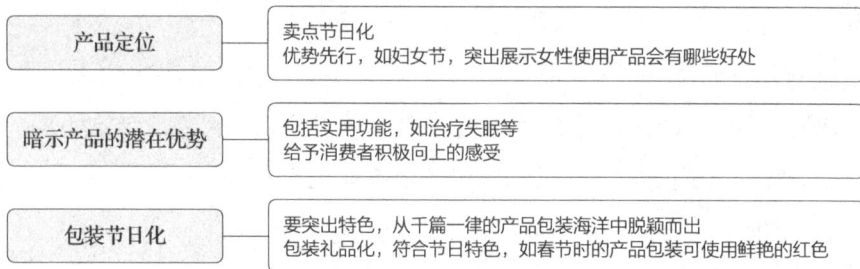

产品定位 —— 卖点节日化
优势先行，如妇女节，突出展示女性使用产品会有哪些好处

暗示产品的潜在优势 —— 包括实用功能，如治疗失眠等
给予消费者积极向上的感受

包装节日化 —— 要突出特色，从千篇一律的产品包装海洋中脱颖而出
包装礼品化，符合节日特色，如春节时的产品包装可使用鲜艳的红色

图 7-28　产品卖点节日化的要点

随着经济的发展，人们的审美水平也在逐步提升，对产品除了要求有预期功能外，还要包装好看，尤其是对买来送人的产品的包装要求更高，因此包装节日化也是节日营销的重要内容。

5. 要点五：灵活设计营销活动

营销活动要灵活多变，既要摆脱与强势竞争对手的正面竞争，又要符合节日的特色。尤其是初创企业，没有足够的资源与强势竞争对手展开竞争，应尽量避免价格战，从产品的卖点和优势出发，设计合理的营销活动。

前面提到的京东选择将快递作为"双十一"营销活动的突破点，就是合理利用了自身的优势，从而避免与其他企业的价格战。

节日营销也是微信营销的重要组成部分，在各个节日常见到企业在微信上开展各种促销活动，但除了少数领悟到节日营销真谛的企业外，大多数企业的节日营销都难以获得理想的营销效果。因此，企业应注重节日营销要点的学习，同时也要与时俱进，掌握营销新方法、新思维，以获得良好的营销效果。

7.5.5 获奖思维，大奖之下必有勇夫

西汉著名史学家司马迁在《史记》中写道："天下熙熙，皆为利来；天下攘攘，皆为利往。"就是说天下人的行为都有逐利性，来与往都是受到利益的驱使，这话虽过于绝对，但也蕴藏着一个道理，即人类天性中隐藏着逐利的本性，奖赏是很多人难以抵挡的诱惑。

通常，营销活动中获得奖赏的条件不应很苛刻，否则就难以获得良好的营销效果。这种获奖思维利用奖品触碰用户的痒点。只要有奖拿，就不愁没人参与。

事实上，我们在微信中经常看到企业采用这种思维进行营销。实力比较雄厚的企业会将房子、汽车或国外旅游等作为奖品，这种奖赏所带来的诱惑巨大，因而参与者众；实力较弱的中小企业，会用大众喜欢的产品作为奖品，如平板电脑、智能手机、电影票、旅游景点门票等，因而也能获得较好的营销效果。

1. 奖品要符合消费者的需要

如今，微信已成为人们阅读新闻等资讯的载体，包括阅读朋友圈分享的各种文章，这些文章中有些是"鸡汤"文，有些是养生文，也有众多的营销文，包括奖品营销。即使每天都在承受各种营销信息的轮番轰炸，人们依然对奖品营销很敏感，毕竟举手之劳就能获得奖品，既不费事又不费力，因而会有很多人参与。

但最终的营销效果还要看奖品是否符合消费者的需要，唯有赠送消费者需要的东西，才能打通传播者和接受者间的阻碍，促使消费者转发并传播企业的营销信息。

2. 奖品要有层次

相比单一的奖品，提供多层次、丰富的奖品显然更易吸引消费者，如企业可设置奖品等级，消费者满足等级条件即可获得该等级的奖品。

举个例子，企业可将奖品设置为 5 个等级，一等奖到五等奖，各等级间的条件要有差异，等级越高，条件越严苛。如邀请 10 位朋友参与，即可获得五等奖；邀请 100 位朋友参与，则可获得二等奖；而邀请 1 000 位朋友参与，则可获得一等奖。奖品层次分明，获得条件摆在明面上，童叟无欺。图 7-29 为山东广播经济频道发起的微信抽奖活动。

图 7-29　活动海报

3. 参与形式多种多样

在微信上进行奖品营销有多种玩法，如转发即可获得抽奖机会、微信抽奖、平台抽奖、购买产品送奖品、评论送奖品、集赞送奖品、投票等；可在自家公众平台上发布，也可借助自媒体发布，还可在微博上发布等。企业要考虑哪种形式更易传播、更易吸引消费者参与，可以同时采用多种方式，但应该有主要方式。

4. 奖品营销方案的策划

企业利用获奖思维进行营销，虽然难度相比其他营销模式要小一些，但也要严格遵守营销的流程。在营销前应进行营销策划，包括进行市场分析，如消费者的兴趣、习惯、所处的环境等消费者分析，也包括目前微信上存在的类似营销或竞争对手的同类营销模式分析等。

企业应明确营销的目的和策略，营销活动要紧紧围绕目的展开，从而尽量减少偏差。

该营销模式最大的特点是利用奖品来吸引消费者，企业购买奖品需要支付一定的费用，还需要支付实施费用、人员费用等，因此要先做好营销方案的预算。

可行性分析也很重要，如果方案新颖、充满想象力，但却脱离实际，无法实施，则方案再新颖也没用。

同时，企业要对营销过程进行控制，要有时间规划，确保在各个阶段方案都能顺利落实。奖品营销方案策划的要点如图 7-30 所示。

图 7-30 奖品营销方案的策划的要点

企业利用获奖思维进行营销，瞄准的是消费者的痒点，即使是转盘抽奖，如果奖品很丰富，消费者也是乐于参与的，如此产品品牌就在消费者参与活动的过程中得到了广泛的传播，对塑造品牌很有利。

第 8 章

商业谈判：
用谈判技巧赢得经济利益

商业谈判是创业者经常参与的重要活动。创业者谈判能力的高低，决定了创业者是否能与客户达成交易，也决定了创业者的公司是否能够盈利。成功的创业者，应该具备成熟的商业谈判技巧。

8.1 商业谈判是公司盈利的武器

美国通用汽车公司曾经有一位叫作罗培兹的采购经理，他上任仅仅半年，就帮助美国通用汽车公司增加了近 20 亿美元的净利润。他是怎么做到的呢？

原来，罗培兹在上任的半年时间内只做了一件事，那就是和所有的汽车配件供应商谈判。他在谈判中主张重新评估配件的价格，并表示美国通用汽车公司的配件用量大，如果供应商不能给出更优惠的价格，他就将考虑更换供应商。经过几轮谈判后，罗培兹在短短半年内，就帮美国通用汽车公司省下了近 20 亿美元。

罗培兹的成功恰好印证了一句话："全世界赚钱最快的办法就是谈判！"

这里的谈判是指商业谈判，它是指买卖双方为了促成交易或解决争端而进行的谈判活动。在商业谈判中，买卖双方都会竭尽全力地争取各自的利益。商业谈判是从商品经济中发展而来的，它是现代经济生活中不可缺少的环节。没有商业谈判，经济活动就无法开展。从生活中的讨价还价，到企业与企业之间的合作，再到国家与国家之间的贸易往来，都离不开商业谈判。

一般来说，商业谈判是以获得经济利益为目的、以价值谈判为核心的谈判，而且商业谈判注重合同的严密性和准确性，满足这 3 个特征的谈判，才是真正的商业谈判，如图 8-1 所示。

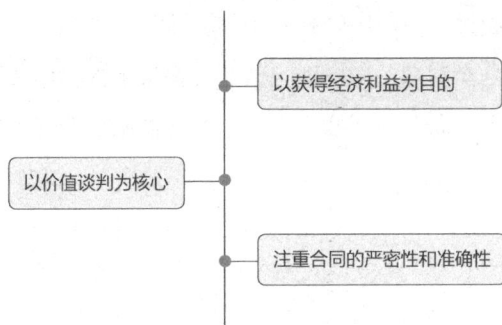

图 8-1 商业谈判的 3 个特征

　　首先，商业谈判以获得经济利益为目的。不同类型的谈判具有不同的目的和诉求，比如，外交谈判的目的是维护国家利益，军事谈判的目的是争取安全利益。虽然，这些谈判中都涉及经济利益，但是经济利益并不是它们的重点。然而，在商业谈判中，获得经济利益就是谈判的核心目标和基本目标。人们通常以获取经济利益的多少来判断商业谈判的成功与否，不讲求经济利益的商业谈判是没有价值和意义的。

　　其次，商业谈判以价值谈判为核心。在一场商业谈判中，谈判者可能要追求多方面的利益，但是价值才是最基本的需求。在商业谈判中，价格是价值的表现形式，它也直接反映了谈判双方的利益得失。当然，在商业谈判中，创业者应该拓宽思路，不应局限于价格，也要在其他利益因素上为自己争取。

　　最后，商业谈判注重合同的严密性与准确性。商业谈判的结果由合同和协议来体现，合同条款反映了谈判各方的权利与义务。所以，合同必须具有严密性和准确性，只有这样，才能保障谈判结果的有效性。

　　有的创业者好不容易在商业谈判中为自己争取到了比较有利的结果，但是却在拟定合同时掉以轻心，没有注意合同的严密性和准确性，结果就"掉入"了对方设下的陷阱，并为此付出了惨痛的代价。这样的例子并不少见，因此在商业谈判中，创业者不仅要重视口头承诺，更要重视合同的严密性和准确性。

　　商业谈判是增加利润最快也最有效的方法。要知道，在谈判桌上争取到的每一分钱都是净利润。举个简单的例子，某个创业者的公司新开发了一款产品，通常售价为一万元，如果业务员的谈判水平高，将售价提高到了一万一千元，那么这提高的一千元就是净利润。同样地，创业者在采购谈判中节省的每一分钱，也是净利润。因此，提升商业谈判技巧，对创业者们和企业管理者们来说是很有必要的。

8.2　谈判前精心筹划谈判内容

想要赢得商业谈判的胜利，谈判者必须做好充分的准备，才能灵活地应对谈判过程中出现的冲突和突发状况。

8.2.1　谈判目标和方法

想要在商业谈判中达到自己想要的目标，谈判者首先要明确自己的谈判目标。一般来说，谈判目标由企业决策者提出，由谈判者执行。如果创业公司的规模较小，那么决策者和谈判者很有可能是同一个人。

商业谈判的目标通常都是非常具体的，如成交、获得溢价、解决某个问题等。在每一次的商业谈判中，要设置多元目标，如目标可以是成交且获得溢价。

目标设置完毕后，就要选择谈判方法了。商业谈判是信息交换和信息处理的过程，谈判双方的态度、需求、兴趣和目标都会影响谈判结果。所以，商业谈判的方法通常都是在了解对手和认识谈判事实的基础上确定的。好的谈判方法应该具备条理性、原则性、灵活性和计划性。

8.2.2　制定谈判计划并对谈判过程进行预演

提前制定计划对商业谈判来说是非常有必要的。周详的计划能减轻谈判者的压力，也能避免高估或低估对手。

想要制定谈判计划，就必须了解谈判目标、双方观点、市场状况、对方谈判人、对方利益底线、双方优劣势、己方和对方的底价等信息。

在制定谈判计划的时候，谈判者应该考虑到市场价值、商业惯例，以及对方的谈判习惯、价值观、个人喜好、个性和谈判风格。对对手了解得越透彻，就越能够制定出可行性强的谈判计划。

对谈判过程进行预演的目的是让谈判者明确在谈判中有可能会遇到的争议点，也是让谈判者明确该如何在谈判中进行让步和施压，如何维护己方利益，如何使对方同意己方要求等。

有了周详的计划和预演，谈判者在进行正式商业谈判时会更加有底气，也更能够掌控谈判的局势。越是重要的商业谈判，越少不了计划和预演。

8.2.3　设定让步策略

谈判应该始终在高于谈判底线的某个位置进行，这个位置应该为谈判留下足够的让步空间。在谈判中，让步空间和让步策略涉及底线问题，谈判者应该事先设定好一条底线，始终坚守底线，只有这样才能在谈判中维护好己方利益。

在谈判过程中，谈判者可以根据实际情况，设定各种各样的让步策略。在己方优势比较明显的情况下，可以采取不让步策略；在双方势均力敌的情况下，可以根据对方的让步策略，来逐步实施让步；如果己方处于弱势，则可以采取一步到位的让步策略，即直接让步到接近底线的位置，让步后不再做其他让步。

处于弱势并不代表没有任何反击之力，如果谈判者拥有足以制胜的条件，那么处于强势地位的对方也不得不做出一定的让步。能不能掌握这样的条件，取决于谈判者对对方的了解程度。

总而言之，在商业谈判开始之前，谈判者要先考虑清楚自己的底线在哪里、自己可以做哪些让步、对方的弱点在哪里等问题。

8.3　谈判中的技巧

1. 品牌营销

在谈判之初，品牌营销是一种常用的谈判技巧。在谈判之初，将公司形象、品牌形象、公司研发能力、公司资源整合能力进行包装和提升，让对方对公司的形象产生敬畏。

这种方法可以起到获得谈判主动权的作用。不过，运用这种方法的前提是，公司本身具有一定的实力。同时，对公司形象的包装不能脱离现实，否则会给后续谈判和合作带来麻烦。

2. 双赢策略

在谈判中，谈判者需要运用双赢策略来促成谈判的达成。对于商业谈判来说，双赢是最好的谈判结果，也是最优的解决方案。谈判者应如何制定双赢策略呢？

首先，谈判者要发现并归纳令双方都获益的结果。比如，在以促成交易为目的的商业谈判中，谈判者代表公司给予客户优质产品、优质营销模式、品牌营销力等"好处"，帮助客户更好地销售产品和完成业绩；而客户则帮助公司达成品牌传播目标，完成销售业绩要求，提高公司产品的市场占有率。

对于公司和客户来说，这就是一个双赢策略。在制定双赢策略时，谈判者要对双方的优势进行预判，以实现优势互补、强强联合的双赢局面。

其次，让对方意识到谈判可以实现双赢或多赢，给对方更多无成本或低成本的"甜头"。在制定双赢策略后，谈判者应及时向对方传达信号，让对方意识到双赢和多赢的可能性。

谈判者要预先想好沟通方式，以便将双赢的意愿更加准确地传达给对方。除此以外，谈判者还要提前确定自己可以为对方提供哪些"低成本、高价值"的回报（如培训、提升优先级、带动帮助等）。如果这些回报恰好是客户需要的，那么谈判目标的达成会更加顺利。

3."出其不意"战术

在谈判的过程中，谈判者可以使用"出其不意"战术，提出让对方耳目一新的观点和主张，以达到消除对方的防备心理和打断对方思路、阻止对方做透彻分析的目的。

比如，在某些成交谈判中，客户会提出政策倾斜、技术支持、宣传支持、广告支持等要求，谈判者可以出其不意地提出兜底策略，如根据业绩实现的情况为客户提供对应的支持，或者提出由双方分别承担支持费用。这些出其不意的回应可以有效化解客户的单一想法。

再比如，客户提出首批货款减免的要求时，谈判者可以提出首批减半、分批折扣等策略，打断客户的思路，让客户接受己方提出的优惠政策。

如果谈判者能把"出其不意"策略运用得炉火纯青，就能有效分散和转移对方的注意力，并使其把目光放在新提议上。这样一来，谈判者就能很快扭转对方的想法，维护己方的利益。不过，如果对方也运用了"出其不意"策略，谈判者就要保持足够的定力和耐心了，要有意识地放慢谈判速度，不要急于做决定，仔细思考客户提出的新方案和新观点，并认真权衡利弊。

4.最后期限

当谈判陷入僵局时，谈判者可以运用最后期限的技巧，推动谈判进程。在谈判中设置合理的最后期限，能够有效防止对方使用拖延战术，也可以避免在谈判中纠缠太久，以至于失去其他机会。

在商业谈判中，面对对方有意或无意的拖延，谈判者应该适时地亮出自己的最后期限，以防止对方"骑驴找马"。亮出最后期限有可能导致谈判终止，但即使是这样，谈判者也要坚持给出最后期限，否则有可能损失更多。

最后期限对对方来说是一种压力。在这种压力下，如果对方愿意就最后期限本身提出协商，要求宽限几天，那就说明对方愿意解决问题，最后达成协议的概率还是很大的。这时，谈判者就要适当地就最后期限问题做出让步，再给对方一些时间，或者在某些条款上再做一些让步，让对方重新考虑相关事宜。

商业谈判能力的提升需要不断地在实战中磨炼和领悟。想要成为真正的谈判高手，创业者和企业管理者就要不断地学习、实践、思考和复盘，让自己在一次次谈判中得到成长。

8.4 价格谈判

商业谈判最关键的内容就是价格谈判，价格谈判是谈判双方讨价还价的过程，双方通过讨价还价，可以了解对方的真实想法以及对谈判至关重要的信息，甚至双方还可能因讨价还价而获得对方的好感。

讨价还价意味着交换，包括物与物的交换、条款与条款的交换、角色与角色的交换。当一方的开价较高时，另一方就不得不认真考虑自己是否还有弹性空间，如果在价格上得不到让步，也必须要求对方在其他条款中做出让步，以此来获得谈判的平衡。

在讨价还价的过程中，双方会用辩论的形式来交换观点，并通过辩论达到以理服人、以情动人的效果。如果谈判者不善讨价还价，也不善辩论，就很有可能在谈判中吃亏，也难以获得对方的理解和认同。

讨价还价的过程其实也是一种说服的过程，谈判者提出自己的主张，并用自己的主张说服对方、影响对方，让对方做出让步。不过，能够说服对方的观点必定是具有公平性和合理性的，如果一味地逼迫对方让步，就不是讨价还价，而是"撒泼打滚"了。

8.4.1 价格的"变通"和"让步"

在谈判过程中，谈判者可以有意识地将原本可以协商和变通的争议点包装成不可协商的、没有丝毫变通余地的"底线"，然后再在后续谈判中逐渐让步。比如，谈判者对对方说："只有销售业绩超出最高标准的 20%，才能向公司提出'一个区域内只授权一家代理'的申请。这是公司的硬性规定，没有任何条件可讲。"事实上，在后续的讨价还价中，谈判者会根据实际情况在这一标准上做出让步。

这种"变通"和"让步"会让对方认为谈判者所代表的公司很有诚意，谈判者更容易获得有利的谈判结果。

8.4.2　运用互惠原则

价格谈判就是一个讨价还价的过程，双方不断提出要求、不断让步，达到利益平衡点，最后才能达到双方的目标。谈判者应该客观看待这个过程，并巧妙运用互惠原则，向对方提出要求。

巧妙运用互惠原则，是促使对方做出让步的一种谈判技巧。在谈判的初始阶段，双方都会亮明自己的优势，在这种"双方出牌"的阶段，谈判者除了要显示出己方的诚意以外，还要想办法要求对方做出同等让步。这个时候，谈判者就需要运用互惠原则了。

互惠原则是人际交往的基本原则，只有互惠互利才能让关系和谐、长久。企业与企业之间的业务往来同样要遵循互惠原则。在谈判时，谈判者要善于运用互惠原则，巧妙地让对方觉得自己欠了你一个让步。当对方有了这个想法后，谈判者在争取利益时就会更有底气，对方也更容易做出适当的让步。

如果谈判者提出互惠要求后对方不予回应，那么谈判者可以通过类似的例子来引导对方。就算对方在某个条款上坚持不做出让步，谈判者的"动之以情，晓之以理"也会令其产生理亏的心理，并在后续的条款中做出让步。

8.4.3　设置争议点

为了在谈判中获得对方更多的价格让步，谈判者应该提前准备好若干个争议点。

在谈判中，难免会出现各种各样的争议点，当双方因为某个争议点而进入胶着状态时，谈判者可以适时地抛出事先准备好的争议点，打破僵持的局面，化解对方提出的争议点。有时候，谈判会涉及第三方，谈判者很可能会陷入孤立和被动的局面，这时候如果能抛出新的争议点，就能够打破被动局面。

比如，公司、客户和项目方三方进行谈判，在谈判过程中，项目方条件苛刻，但客户考虑自己的实际情况后，愿意接受项目方的苛刻条件，十分希望达成项目合作。公司一方则感到十分为难，因为一旦接受项目方的苛刻条件，就会导致客户认为公司很容易松口，而项目方也有可能顺势提出更苛刻的条件。于是，公司一方陷入了被动。

此时，代表公司的谈判者就可以抛出事先准备好的争议点，比如交货期太短，虽然已经向公司提出临时申请，但仍然不能保证按期交货；如果要保证交货，公司就要推掉其他的订单，造成的损失应该由谁来承担呢？这样一来，谈判者的被动僵局就会被打破，又有了讨价还价的空间。

第9章

创业陷阱：
让危机离得更远

　　创业者应选择熟悉的行业创业，而不要闯入陌生行业。如果盲目选择热门的行业创业，在激烈的竞争中，创业者的企业将无法获利，而一个无法获利的企业是不可能长久生存下去的。

9.1　闯入不熟悉的行业很危险

创业已成为当下的潮流，高管创业、海归人士创业、自媒体创业、拥有一技之长的人创业、作家创业、各行各业的精英创业等，越来越多的人将创业当作实现人生价值的重要手段，尤其是现在国家出台了很多鼓励创业的政策。在公共场合，我们也经常会听到人们谈论与创业相关的话题。

创业如火如荼，创业成功率却十分低。调查显示，国内初创企业每 100 家大约有 20 家左右可熬过 1 年，而能熬过 3 年的企业的占比只有 30%。大学生创业的失败率更是高达 99%。创业失败的原因是多种多样的，其中选择不熟悉的行业创业可谓是创业道路上的第一个陷阱。

大多数创业者都极易犯一个错误，即选择当时热门的行业，盲目跟风创业，结果由于不熟悉该行业，不懂得该行业的盈利渠道，而且由于该行业是热门行业，竞争过于激烈，自身竞争能力太差，最终创业失败。

在决定创业之前，胡德华已经是世界五百强企业的市场总监，年薪丰厚，待遇很好。其为人踏实稳重，很受领导器重，而且乐于与下属分享成果，也很受下属的爱戴，在企业中具有很高的人气。然而胡德华却认为即使身居高位，也不过是给别人打工，创业才是实现自我价值的最佳渠道。

刚好胡德华有一位好友正在鼓励他离职创业，说最近 O2O（Online To Offline，线上到线下）非常火，很多初创企业都拿到了风投，扩大了规模，很是热闹。胡德华也想创立一家 O2O 企业，想从 O2O 市场中分得一杯羹。

不久后，他离职并投资了 50 万元成立了一家 O2O 企业，主营项目为送餐，定位于为白领送餐。然而由于对市场不熟悉，对白领的口味不熟悉，企业一个月就亏损数十万元。为了改善企业的运营状况，胡德华高薪聘请了一位大厨，以便制作出符合白领口味的饭菜。

然而即使前来买餐的白领都认为饭菜色香味俱全，店内的生意还是没有太大的起色，不久后，由于亏损过多，又找不到风险投资，胡德华只好放弃创业。

后来经人指点，胡德华才明白，之所以找不到投资，是因为餐饮 O2O 热已经过去，何况 O2O 企业随处都是，竞争非常激烈，以致他的企业运营一直没有起色，直至倒闭。

盲目跟风的风险很大，创业者不要只看到市场上有成功的企业，就认为该行业很风光，觉得一定能赚钱而不做考察和深入研究便闯入。任何一个行业都有自己的发展规律和盈利方式，如果不掌握这些内容就盲目进入，企业就无法获利，而一个无法获利的企业是无法长久生存下去的。

市场如汪洋大海，创业者如沧海一粟。如果创业者对市场不熟悉，就很容易在海洋中迷失方向；如果创业者对市场熟悉，那么就能找到方向和出路。

因此，创业者应找一个自己熟悉的行业，看看自己能为客户提供什么有价值的产品或服务，这就是企业的盈利渠道。

在决定进入一个行业之前，创业者应该仔细思考以下几个问题。

· 这个行业的前三名企业是如何赢得客户、获得丰厚利润的？

· 在这个行业创业的人是因为什么而失败的？

· 你是否拥有此行业的技术和人才？

· 你是否有潜在的客户资源？

· 客户为何会选你，你能为他们提供什么？

创业者应选择熟悉的行业创业，而不要闯入陌生行业，否则创业者将为此付出惨重的代价。

9.2　重情义，轻管理

科学的管理是创业成功的重要因素，一个懂得管理的创业者可以让企业有效运转，指明企业的正确发展方向，充分发挥员工的潜能，可以使企业账务清晰，为企业谋取更多的经济利益。可以说，合理的管理是企业长远发展的前提条件。

不过国人向来重视情义，关于情义的名言名句广为流传，如"情与义，值千金"等。因此，很多创业者往往将亲朋好友安插在企业的重要岗位上，一方面是因为情义，另一方面则是因为信任亲朋好友。

在创业初期，中小企业因资金短缺、环境较差、规模小、福利待遇差、前景不明朗等原因，很难找到足够的人才，因而需要亲朋好友给予帮助。很多企业都是靠亲朋好友的支持和帮助才度过艰难的创业初期。

不过，过度重情义会给企业管理带来很多难题，并影响企业的可持续发展。情义会影响创业者的判断，使之无法做出正确的判断，给企业运营带来风险。

另外，如果根据情义来划分企业利益，则易造成其他员工的不满，影响员工工作的积极性，甚至导致企业内部人才流失严重。

还有些创业者在创业之初得到了合伙人很大的帮助，因此在后续管理中会倾向于合伙人。这种重情义而忽视管理的行为，将会给企业发展埋下隐患，甚至会让创业者多年苦心经营的企业毁于一旦。

林敏智和张德利是从小玩到大的好朋友，两人考上了同一所大学，毕业后又在同一家公司工作。工作两年后，林敏智决定辞职创业，张德利认为当下创业时机并不好，因而决定先看看再说，不过虽然他没有辞职与林敏智一起创业，但却将工作两年的积蓄全给了林敏智，以资助他创业。

很快，林敏智在城区中心挑选好了企业办公场所，简单装修一番，又从人才市场招聘了一些员工，创业之路就这样开始了。由于林敏智对电子手表行业很熟悉，知道消费者需要什么，因而适时推出了新的电子手表。产品一推向市场，就

受到客户欢迎，销量直线上升。

产品销量上升，企业急需扩大生产车间，林敏智又开始了招聘员工之旅，普通员工很好招募，但是却缺少一个值得信任的人来担任车间主管，林敏智想到了张德利。在林敏智的一番劝说下，张德利同意了。

起初，车间有了张德利的管理，产品生产速度快了很多，产品源源不断地投放到市场，企业也因此赚到很多钱。后来，产品产量明显减少，甚至还不如扩大规模之前，正在为融资奔走的林敏智觉得很奇怪，因此询问张德利。

原来是张德利和一位员工不和，双方争吵不止，影响了车间的正常运营，尽管事情是由张德利而起，但林敏智毫不犹豫地辞退了那位员工。但林敏智这种重情义、轻管理的行为导致企业其他员工产生不满，企业陷入混乱。

这时，另外一家公司又适时推出了智能电子手表，该公司产品的生产速度很快，趁林敏智公司混乱时，快速占领市场。等林敏智反应过来时，市场上已满是该公司的产品。

企业因此而失去了很大的市场份额，林敏智悔之晚矣。如果林敏智当初不是重情义，轻管理，而是对事不对人，那么就能快速解决张德利和员工之间的问题，企业产量就能跟上，而不会被后来者赶上，失去已占领的市场。

重情义，轻管理是很多创业者在创业之初容易犯的错误，尤其是非常偏袒合伙人，从而导致企业管理问题不断，对待企业员工无法一碗水端平，致使员工产生不满、工作效率低下，企业竞争力也因此大幅下滑，而被其他企业赶超或被市场淘汰。

因此创业之初，创业者可以找亲朋好友和合伙人帮忙，但应建立契约精神，就事论事，重视管理，不因彼此关系亲密而影响管理的公平公正。

9.3 创业路上的"钱"坑

创业者渴望成就一番伟业，然而成就辉煌的路上总是有很多障碍，资金短缺就是创业者最常遇到的问题之一。资金是企业的"血液"，唯有血液流通，企业才能正常运转。创业者应合理应对金钱问题，否则将陷入"钱"坑，危及企业生存。

1. 自筹资金的陷阱

这是很多创业者在创业之初筹集资金的方法，他们一般会向亲朋好友借钱，或者向其他关系亲近的人筹措资金。这种筹集资金的方式只适用于解燃眉之急，并且会耗费创业者过多的时间和精力，另外以此种方式筹集到的资金往往很少。

创业初期，创业者的时间很宝贵，市场分秒必争，也许就在筹集资金时，市场已悄然发生变化。即使用这种方式筹集到充足的资金，企业也已然在市场中失去竞争优势，创业只能以失败收场。

2. 融资的陷阱

融资是中小企业普遍的难题之一。对初创企业来说，资金问题显得比人才问题更为紧要。

但在创业之初，企业融资的成本非常高，如果融资过多，会导致创业者在决策上处于被动地位，甚至失去对企业的控制权，严重影响企业发展。当然也有更极端的，创业者在融资过程中成了打工者，甚至被迫离开自己创办的企业。

例如，王志东含泪挥别新浪；俏江南创始人张兰因融资失当而失去了对企业的控制权，虽然其还保留着董事长一职，但身份已完全改变，以前她是企业的控制人，现在是企业的高级管理人员。因此，融资虽好，但应适度，创业者应警惕融资道路上的陷阱，牢牢掌握企业的控制权，以免陷入"为他人作嫁衣"的悲惨局面。

3. 发展与赚钱的陷阱

创业之初，企业的首要任务便是从激烈的市场竞争中脱颖而出，只有赚到钱，企业才能生存。但当企业开始赚钱时，又会面临眼前利益与长远利益的艰难选择，选择发展则需放弃眼前利益，而不考虑长远利益则无异于竭泽而渔，早晚逃不过被市场淘汰的结局。

很多企业都因在这一选择上出现失误而倒闭。

例如，有的企业明明研发出了功能更先进的第二代产品，但由于第一代产品的利润更高，因而决定推迟发布第二代产品。就在企业为赚到些许利润高兴时，其他公司推出了第二代产品，迅速吞噬了该企业的市场份额。

企业也紧急推出第二代产品，但从生产到推广再到投入市场需要一段时间，而这段时间正是其他公司快速扩张的时机。企业的第二代产品推广到市场中时，市场已趋于饱和，企业赚不到利润，而为了生产第二代产品，企业投入了大量的人力、物力资源，导致亏损严重，甚至危及企业生存。

金钱会让创业之路如虎添翼，也会让创业之路布满陷阱，关键在于创业者是否能躲开这些"钱"坑，让金钱成为创业的助力而非阻力。

9.4　不遵守企业的规章制度

初创企业要想维持长久发展，除了需要人才、技术、资金等外，还要遵守企业的规章制度，否则就会面临被淘汰的危险。事实上，能够从初创企业发展到大型企业的企业，都是比较遵守企业规章制度的，毕竟无规矩不成方圆，一家不遵守规章制度的企业在管理上必然是混乱的，而管理是决定企业成败的重要因素。

规章制度通常是企业成员共同制定的条例和章程，是企业运行所遵循的法则，它不仅对企业普通员工有约束力，而且对管理人员，包括企业创办人都有约束力，否则就无法称为规章制度。

不过在创业之初，很多企业都或多或少存在不遵守规章制度的情况。很多管理人员自恃位高权重，而不遵守企业规章制度，如迟到、早退；不按照企业工作流程办事等，因而导致管理上的混乱；其他员工也不遵守企业规章制度，生产产品时不按照规定严格控制产品质量，导致企业产品的质量差，在市场上缺乏竞争力，严重危及企业的生存发展。

因此，遵守企业规章制度看似是小事，一旦违反就对企业造成很恶劣的影响。

施乐公司是举世皆知的企业，百年来一直引领着世界文件处理的潮流。在百年间残酷的市场竞争中脱颖而出，施乐公司靠的就是严格遵守企业规章制度。由于遵守企业规章制度，处事管理皆有章法可循，公司得到客户信任，因此该公司CEO才敢说，施乐公司推出的新产品，无须经过试用生产这一步骤，直接推出就会获得大额订单。

这是因为施乐公司在研发新产品方面有严格的规章制度，该规章制度以客户需求为中心，将产品生产从定位、设计、评估、销售四大方面划分了近300个环节，每个环节都严格按照规章制度实施、控制，因而能够确保产品的质量。因为该公司不管推出什么产品，首先都能够保证产品质量，所以客户对该公司推出的产品很信任。

由以上案例可知，遵守企业规章制度，尤其是严格遵守产品研发规章制度，正是施乐公司百年来在市场中占据领先地位的重要原因。

当然，遵守企业规章制度不只是遵守产品研发的规章制度，还包括遵守人事管理规章制度、财务规章制度等。正是这些规章制度让企业员工团结起来，使企业成为一个庞大的、规律运转的机器，将有限的资源最大化运用，从而增强企业的竞争力。

为了灵活应对市场变化，增强企业的应变能力，"野台唱戏"的作风可以在创业初期偶尔使用，但这只是权宜之计，等企业步入正轨，就必须按照企业规章制度处事了。企业应在人事、财务、供销等方面形成一套严谨的规章制度，帮助企业朝着正规化、规范化方向发展。

不遵守规章制度，企业也许可以获得一时之利，但无法获得长久之利，更无法维持企业的可持续发展。

9.5 创业路上的大客户陷阱

创业初期，初创企业由于规模小、资金少、人才缺乏、应对风险能力不足等缺陷，相较于大型企业，很难获得客户的信赖，只能艰难地寻找客户。这时，如果恰好有一个大客户，可想而知，初创企业会如何对待这位大客户。

事实上，很多企业之所以能走过最艰难的初创时期，就依赖于大客户的帮助。大客户会带来大量的订单，企业的产品有了销量，企业就能获得利润，而利润是一家企业生存的必要条件，一个无法盈利的企业是无法实现可持续发展的。

大客户成为企业的"摇钱树"，不过企业不可过于依赖大客户，要看到其背后隐藏的大客户危机。大客户危机主要有以下几种情形：大客户缩减订单；大客户因为某种原因无法继续在企业订购产品；大客户要求产品价格更低；大客户偷学技术，自己创业生产产品；大客户不接受新产品或新技术，企业无法实现技术升级或生产更先进的产品等。

企业过于依赖大客户，若猛然间发生上述情形，企业就会陷入慌乱。由于没有客户，企业产品无法销售出去，只能堆积在仓库里；没有销售，就没有利润；没有利润，再庞大的企业也无法长久坚持下去，因为员工工资、房租等都需要按时支付。因此，大客户引发的危机是很严重的，甚至是企业倒闭的导火线。

在创业初期，企业可以以大客户为重点，但同时不要忘了继续寻找其他客户，尤其是小客户。关键时刻，小客户也许就是企业的"救命稻草"。

虽然根据 80/20 法则，大客户订单量占企业总订单量的 80%，小客户只占20%，但大客户不一定能给企业带来 80% 的利润。大客户实力强大，既然可以从初创企业订购产品，那么也可以从其他公司订购产品，大客户具有议价权，初创企业为了留住大客户，往往只能开出更优惠的条件，这样初创企业的利润就更微薄了。而小客户由于自身实力弱、资金少、议价权较少，因而通常会以市场价格向企业采购产品。因此，相比较来说，小客户能够为企业带来 20% 以上的利润。

因此，在创业道路上，企业不能过于依赖大客户，而是要在做好大客户管理的基础上，积极寻找其他客户，不要嫌弃小客户，一个小客户所带来的利润虽然微薄，但成百上千个小客户所带来的利润却是丰厚的。虽然企业寻找小客户也是有难度的，如小客户过于分散会增加企业的运营成本，但从长远来看，寻找小客户对企业而言是利大于弊的。

所以初创企业要认清大客户危机，不能只守着大客户这棵"摇钱树"，而要去寻找其他的客户资源。唯有如此，企业才能增强抵抗风险的能力，从容应对大客户危机。因此企业在重视大客户的同时，也要重视小客户。